FESTE
mit Anna

Dekoration, Rezepte und Traditionen aus Skandinavien

Anna Parwoll
@leavesandbutterflies

With Love

HEJ

Mein Name ist Anna und ich liebe alles rund um das skandinavische Leben. Dazu gehört nicht nur ein hochwertiges, praktisches und schönes Design in der Einrichtung, sondern auch das wunderbare Wort Hygge, mit dem so viele großartige Dinge verbunden sind, die ich versuche zu verinnerlichen und in meinem Leben umzusetzen: Gemeinsame Erlebnisse, ein Gefühl von Leichtigkeit, leckeres Essen, Kreativität und unser Zuhause nehmen dabei einen wichtigen Stellenwert ein. Feste gehören zur Umsetzung von Ritualen und Traditionen und sind deshalb untrennbar auch mit Hygge verbunden.

FESTE FEIERN

Feste feiern – am liebsten mit der Familie und Freunden: Man soll die Feste feiern, wie sie fallen, sich treffen und die hyggeligen Momente, die sich daraus ergeben, genießen und im Herzen tragen. Schöne Momente beschwingen einen und können einen durch den Alltag und auch durch schwere Zeiten tragen. Es gibt so viele Anlässe, um Feste zu feiern – und im Norden weitere, uns bisher unbekannte, die wir hierzulande durchaus mal aufgreifen können.

Mittsommer ist dabei sicherlich eines der besten Beispiele. Bei dem Wort Mittsommer geht mein Herz auf und ich denke an warme Sommertage, Erdbeertorte mit Schlagsahne, tanzende Kinder in weißen Kleidern mit Blumenkränzen auf dem Kopf. Ein wunderbar warmes Gefühl von Leichtigkeit, welches im Alltag so oft verloren geht und vielleicht ganz einfach mal wieder an die Oberfläche geholt werden kann.

Es gibt Feste, die gleichermaßen in Deutschland und im Norden zelebriert werden, häufig geprägt durch die jeweiligen Jahreszeiten, Feiertage und persönlichen Umstände, z. B. Weihnachten, Silvester, Geburtstage, Taufen, Einschulungen ... So wird beispielsweise an Silvester auch in Dänemark der bekannte Sketch „Dinner for One" gezeigt. Andererseits gibt es durchaus immer mal den einen oder anderen Unterschied. An Silvester etwa springen die Dänen um Mitternacht von einem Stuhl ins neue Jahr. Das soll Glück bringen und bestimmt bringt es außerdem eine Menge Spaß.

Bei Festen werden oft Traditionen und Rituale gepflegt und spielen dabei eine sehr bedeutende Rolle. Sie lassen uns zusammenhalten und tragen zu unserem Wohlbefinden bei. Es gibt Traditionen, die wir als Kinder kennengelernt haben und die im Erwachsenenalter fortgeführt werden. Rituale, die in jedem Jahr wiederkehren, die wir lieben und auf die wir uns freuen. Da hat sicher jede seine eigene Vorstellung und schreibt unterschiedlichen Festen eine andere Bedeutung zu. Daneben gibt es solche, die bei uns eigentlich nicht gefeiert werden, aber vielleicht hier ebenso einmal zu Traditionen werden können, je nachdem, welchen Stellenwert wir ihnen zuschreiben. Beispielsweise das Luciafest in Schweden. Es hat so einen schönen Hintergrund, dass es mir in den Fingern kribbelt, diesen Anlass aufzugreifen und vielleicht auch bei uns einzuführen. Die leckeren Lussekatter mit Safran (Seite 84) wären dafür schon fast Grund genug.

Grundsätzlich bin ich der festen Überzeugung, dass es nicht unbedingt eine hohe Anzahl von Personen für eine Feier braucht. Vielmehr dienen Feste doch dazu, einen bestimmten Anlass zu würdigen, und das kann man letztendlich ebenso zu zweit. Und am Ende ist es egal, was wir feiern, wichtig ist, dass es uns glücklich macht, wir unsere Zeit gemeinsam nutzen, durchatmen und abschalten vom Alltag. Das Gefühl einer tiefen Zufriedenheit in Kombination mit Glück – das ist es, wofür Hygge auch steht.

ÜBER DIESES BUCH

Eigentlich sollte bereits nach meinem Hygge-Buch Schluss sein. Doch dann kam alles anders und ich habe mich dazu entschieden, ein Buch über Feste zu schreiben, die ja in großem Zusammenhang mit dem Hygge-Gefühl stehen. Schöne Feiern sind schließlich schöne Momente, die man gemeinsam erlebt.

Ich habe nachgedacht über die Feste, die ich mit meiner Familie schon zelebriert habe, darüber, welche Anlässe es überhaupt gibt und wie das in Skandinavien mit dem Feiern ist, welche Parallelen und Unterschiede sich dort finden lassen. Und habe so viele Gründe gefunden, zu feiern, sich zu treffen und hübsche Dinge für spezielle Tage zu zaubern.

Deshalb warten in diesem Buch zahlreiche Rezepte, DIYs und Deko-Ideen darauf, dafür umgesetzt zu werden. Hier finden sich Ideen zur Ausgestaltung und besonderen Würdigung von Festen aller Art. Und vielleicht dienen sie sogar als extra Anregung, mal wieder mit Freunden zusammenzukommen.

Zusätzlich zu süßen Leckereien gibt es in meinem Buch dieses Mal ausgewählte Lieblingsrezepte. Denn bei Festen darf gutes Essen einfach nicht fehlen. Es hat für mich einen recht hohen Stellenwert, denn wenn ich eine Feier ausrichte, möchte ich natürlich, dass am Ende eines schönen Tages alle satt und damit zufrieden nach Hause gehen.

Vor einem größeren Treffen schreibe ich deshalb Listen, Einkaufszettel und sortiere, welche Speisen ich wann zubereiten und vorbereiten kann, und welche eventuell von Familienmitgliedern übernommen werden können. Ich überlege mir außerdem, welche farblich stimmigen Blumen auf dem Tisch stehen sollen, welches Geschirr und welche Tischwäsche ich verwenden möchte und welches DIY vielleicht dazu passen würde. Die sommerlichen Zitronenkerzen (Seite 60) wären z. B. perfekt zum Mittsommerfest, können aber selbstverständlich auch für einen Grillabend mit Freunden hergestellt werden. Kreativität trägt auf jeden Fall zu einem hyggeligen Gefühl bei. Und es kann beispielsweise ebenso zu einem Ritual werden, zu einem Fest ein ganz bestimmtes DIY umzusetzen, entweder alleine oder gemeinsam.

DANKESCHÖN

Bei all den Festivitäten ist eines auf jeden Fall sicher: Am liebsten feiere ich mit meiner Familie, und deshalb gilt euch an dieser Stelle der größte Dank. Haben wir doch erst im vergangenen Jahr eine besonders schöne Taufe und Einschulung gefeiert.

Danke Moritz, für die vielen wunderbaren Feste, die wir beide gemeinsam erlebt haben und mit denen wir uns so schöne Erinnerungen geschaffen haben. Danke, dass du da bist und mich unterstützt, ohne dich würde es dieses Buch vermutlich nicht geben.

Mathilda und Henri, meine zwei Highlights. Mit euch sind so viele Tage ein Fest, ohne dass es dafür viel braucht. Ihr habt mich so sehr bei dem Buch unterstützt und es oftmals gar nicht gemerkt.

Henri, du bist ein sehr guter Assistent, wenn es darum geht, den Auslöser der Kamera genau im richtigen Moment zu drücken. Unzählige Fotos in diesem Buch hast du mit der kleinen Fernbedienung auf meiner Kamera ausgelöst und dich jedes Mal wie ein kleiner Schneekönig gefreut. Dass du es warst, der die „Lebkuchen-4“ von unserem Adventskranz angeknabbert hast, dessen bin ich mir ziemlich sicher, auch wenn du nach wie vor behauptest, es wären unsere Weihnachtsmäuse gewesen.

Mathilda, du bist meine „Bastelfee“. Wenn es darum geht, ein DIY umzusetzen, stehst du sofort bereit und bist mit so viel Einsatz dabei, dass es eine wahre Freude ist, dir dabei zuzusehen, wie du meine Anleitungen in die Tat umsetzt.

Ich bin sehr stolz auf euch und darauf, dass ihr zu wundervollen und einzigartigen kleinen Persönlichkeiten geworden seid.

Unsere gebackenen Leckereien überleben nicht lange und ihr seid die größten Kritiker, wenn es darum geht, ob ein Rezept „absolut köstlich“ ist, wie Henri es immer nennt, oder ob ein Rezept es aus verschiedenen Gründen nicht ins Buch geschafft hat.

Es war mir ein großes Fest, dieses Buch umzusetzen, und freue mich auf die vielen weiteren Feiern, die wir noch vor uns haben und bei denen sicherlich das eine oder andere Rezept aus diesem Buch eine Rolle spielen wird.

Wir lieben es, das Leben zu feiern, egal zu welcher Jahreszeit. Es gibt immer tolle Gelegenheiten, passende Dekorationen, Kuchen, Torten und natürlich DIY-Ideen, die das Leben etwas schöner und hyggeliger machen.

FAMILIENFESTE

GEBURTSTAGS-CHARLOTTE ALIAS TIRAMISU-TORTE

Was gibt es Schöneres, als mit der Familie und Freunden zusammenzukommen und Zeit miteinander zu verbringen? Egal, ob es dafür einen Anlass gibt oder man sich einfach so trifft. Wir lieben es auf jeden Fall, wenn es dann Kuchen gibt. Die folgende Torte habe ich mir mal selbst zu einem Geburtstag gebacken, und sie schmeckt wirklich sehr köstlich und sieht noch dazu ziemlich hübsch aus. Wer gerne Tiramisu mag, muss sie auf jeden Fall probieren. Noch dazu lässt sie sich super auch schon einen Tag vorher zubereiten. Denn so richtig gut durchgezogen schmeckt sie sogar noch besser.

ZUTATEN

(Für 1 Springform mit 18 cm Durchmesser)

Für den Biskuitteig

3 Eier (Zimmertemperatur)
60 g Zucker
1 Prise Salz
100 g Mehl
1 TL Backpulver
20 g Speisestärke

ZUBEREITUNG

Für den Biskuitteig den Backofen auf 170 °C Umluft vorheizen. Die Springform mit Backpapier auslegen.

Die Eier mit 2 EL heißem Wasser in mindestens 5 Minuten zu einer hellen Creme aufschlagen. Den Zucker und das Salz nach und nach einrieseln lassen. Hier lohnt es sich wirklich, lange auf hoher Stufe zu mixen, damit der Biskuitteig später schön fluffig wird und gut aufgeht.

Das Mehl, Backpulver und Speisestärke sieben und nach und nach ganz vorsichtig mit einem Teigschaber unter die Eicreme heben.

Den Kuchen im Ofen 30 Minuten backen. Die Backofentür darf zwischendurch auf keinen Fall während des Backvorgangs geöffnet werden, da der Teig sonst in sich zusammenfällt.

Den fertig gebackenen Kuchen noch kurz im Backofen abkühlen lassen. Anschließend auf einem Kuchengitter in der Form vollständig abkühlen lassen und erst dann vorsichtig aus der Springform lösen.

In der Zwischenzeit für die Füllung die Sahne mit dem Zucker steif schlagen. Den Mascarpone mit dem Mark der Vanilleschote mit einer Gabel cremig rühren. Anschließend die Sahne vorsichtig unterheben.

Die Hälfte der Löffelbiskuits mit der gezuckerten Seite kurz in den Kaffee tauchen (die zweite Hälfte wird nicht in den Kaffee getaucht). Den Kuchen als Tortenboden auf eine Tortenplatte legen.

Für die Füllung
300 g süße Sahne
80 g Zucker
250 g Mascarpone
Mark von 1 Vanilleschote
200 g Löffelbiskuits
1 große Tasse sehr starker Kaffee
250 g Heidelbeeren
(oder Erdbeeren
oder Himbeeren)

Gegebenenfalls einen Tortenring darumlegen. Das erste Drittel der Mascarpone-Sahne-Creme darauf verteilen und glatt streichen. Die Hälfte der Heidelbeeren auf der Creme verteilen. Dann folgt wieder eine Schicht der Mascarpone-Creme. Die in dem Kaffee getränkten Löffelbiskuits auf die Creme legen und dann das letzte Drittel der Creme auf- und um die Torte streichen.

Die Torte mit den restlichen Heidelbeeren belegen. Die zweite Hälfte der Löffelbiskuits passend zur Tortenhöhe abschneiden, dann dicht an dicht hochgestellt seitlich rund um den Tortenrand verteilen.

Die Torte im Kühlschrank 1 Nacht durchziehen lassen.

MANGO-KOKOS-EIS

Bei Familienfesten finde ich es perfekt, immer ein wenig Eiscreme zu Hause zu haben. Egal, ob für die Kids oder die Erwachsenen. Es ist super, wenn man mal eben aus dem Gefrierfach ein leckeres Dessert zaubern kann. Wer keine Mangos mag, der kann diese durch andere Früchte ersetzen. Erdbeeren und Himbeeren eignen sich auch prima. Eine Eismaschine braucht man für dieses Rezept nicht. Und das Beste daran ist, dass man es einfach je nach Jahreszeit und Fest den Geschmacksrichtungen anpassen kann. Wir lieben z. B. Mangos, und in Kombination mit Kokos schmeckt das Eis dann perfekt nach Sommer.

ZUTATEN

(Für 6 Portionen)

500 g Früchte nach Wahl
200 g griechischer Joghurt (oder Buttermilch)
5 EL Puderzucker
1 EL Vanillezucker
2 EL Zitronensaft

Außerdem

feste Backförmchen oder Formen für Eis am Stiel
Eisstiele

ZUBEREITUNG GRUNDREZEPT EIS AM STIEL

Die Früchte grob schneiden, in einen Gefrierbeutel geben und etwa 5 Stunden einfrieren. Anschließend die Früchte zusammen mit dem gesiebten Puderzucker, Vanillezucker und Zitronensaft in ein hohes Gefäß geben und zu einer sämigen Masse mixen. Den Joghurt unterheben.

Die Eismasse jeweils in die Backförmchen oder Eisformen füllen und die Eisstiele mittig hineinstecken. Das Eis abgedeckt mindestens 5 Stunden einfrieren.

ZUTATEN

(Für 6 Portionen)

2 reife Mangos
3 EL Kokosflocken
5 EL Puderzucker
2 EL Zitronensaft
200 g griechischer Joghurt

Außerdem

feste Backförmchen oder Form für Eis am Stiel
Eisstiele

ZUBEREITUNG MANGO-KOKOS-EIS

Die Mangos schälen, das Fruchtfleisch vom Kern lösen und in kleine Stücke schneiden. Anschließend die Fruchtwürfel in einen Gefrierbeutel geben und etwa 5 Stunden einfrieren. Dann die Mangos herausnehmen und in einer Küchenmaschine kräftig mixen. Die Kokosflocken, den Puderzucker und Zitronensaft hinzufügen und zusammen mixen. Den griechischen Joghurt unterheben.

Die Eismasse jeweils in die Backförmchen oder Eisform füllen und die Eisstiele mittig hineinsetzen. Das Eis abdecken und 4–5 Stunden einfrieren.

TIPP

Wenn man keine reifen Mangos bekommt, kann man auch auf tiefgekühlte Mangos zurückgreifen. Die schmecken oft noch aromatischer.

100% HOME MADE

EIERLIKÖR-GUGLHUPF

Ein Guglhupf sollte auf keinem Geburtstagstisch fehlen. Dieser Kuchen hier wird durch den Eierlikör extra saftig. Der Alkohol verdampft beim Backen, sodass nur noch das leckere Aroma bleibt und den Guglhupf ganz besonders macht. Der Kuchen schmeckt das ganze Jahr über. Dadurch, dass er so schnell zubereitet ist, lässt er sich nicht nur für Geburtstage prima vorbereiten, sondern auch für Überraschungsbesuch schnell aus dem Hut zaubern.

ZUTATEN

(Für 1 22-cm-Guglhupf-Form oder 12 kleine Miniguglhupf-Formen)

Für den All-In-Teig

200 g Mehl plus etwas mehr für die Form(en)
50 g Speisestärke
3 TL Backpulver
180 g Zucker
2 EL Vanillezucker
250 ml Sonnenblumenöl
250 ml Eierlikör
5 Eier

Außerdem

Fett für die Form(en)
Puderzucker zum Bestäuben

ZUBEREITUNG

Den Backofen auf 180 °C Umluft vorheizen. Die Guglhupf-Form(en) fetten und mehlen.

Die trockenen Zutaten für den All-In-Teig in einer Schüssel vermischen. Danach die übrigen Zutaten hinzufügen und mit einem Mixer zu einem homogenen Teig schlagen, dabei nur so lange verrühren, bis sich alle Zutaten miteinander vermischt haben.

Den Teig in die vorbereitete Form füllen und im Ofen etwa 50 Minuten backen. Stäbchenprobe machen: Wenn kein Teig mehr an einem in den Kuchen gesteckten Holzstäbchen kleben bleibt, ist er durchgebacken.

Nach dem Backen den Guglhupf noch mindestens 10 Minuten in der Form abkühlen lassen. Erst dann auf ein Kuchengitter stürzen und vollständig abkühlen lassen. Zuletzt den Kuchen mit Puderzucker bestäuben.

GIRLANDEN AUS STOFFSTREIFEN

Ein wenig Deko darf bei einer Feier auf keinen Fall fehlen. Girlanden aus Stoffstreifen sind nicht nur schnell gemacht, sie lassen sich auch – je nachdem, welche Stoffe man verwendet – jeder beliebigen Feierlichkeit anpassen. Perfekt also für Geburtstage, Hochzeiten oder Mittsommerpartys im Garten. Wichtig ist nur, dass man sich mit dem Stoff farblich und haptisch dem jeweiligen Anlass anpasst. Für Hochzeiten könnte ich mir eine solche Girlande beispielsweise sehr gut aus verschiedenen zarten Spitzenstoffen vorstellen. Für Kindergeburtstage wählt man entsprechend bunte Stofffarben aus. Kinder können bei dieser Bastelei super mithelfen. Die Stoffstreifen lassen sich ja recht einfach an dem Band befestigen. Dadurch, dass man die Stoffstreifen abreißt und nicht mit der Schere schneidet, fransen diese schön aus. Normalerweise lassen sich Stoffe sehr einfach in Streifen reißen, wenn man sich mit der Schere einen kleinen Anfang schneidet.

BENÖTIGTES MATERIAL

Stoffe in verschiedenen Ausführungen, z. B. mit unterschiedlicher Haptik, Farbe; hier: Stoffe in Weiß und Beige, z. B. Musselin, Baumwolle, Spitze
Schere
optional: Bänder aus Seide, Satin, Spitze o. Ä.
Juteband (z. B. von Rayher)

SO WIRD'S GEMACHT

Von den Stoffen unterschiedlich lange und breite Streifen abreißen. Dies gelingt am einfachsten, wenn man mit einer scharfen Schere einen Anfang von 2 bis 3 cm in den Stoff schneidet und den Rest dann abreißt. Die Girlande wird am Ende umso schöner, je „weicher" der Stoff daran aussieht.

Je nachdem, wie lang die Girlande sein soll, ein Stück von dem Juteband zuschneiden. Es sollte ca. 30 cm länger sein als der Platz, wo sie aufgehängt wird, damit noch genügend Band zum Verknoten übrig ist. Die Stoffstreifen zu einer Schlaufe unter das Band legen, die Enden durch die Schlaufe führen und festziehen.

Diesen Vorgang so lange wiederholen, bis das Band gut gefüllt ist. Entweder setzt man die Bänder beim Verknoten direkt aneinander oder man lässt etwas Platz zwischen den einzelnen Stoffstreifen. Am besten setzt man immer unterschiedliche Farben und Längen von Stoffstreifen nebeneinander. (Besonders schön sehen Girlanden aus Stoffbändern auch draußen im Garten aus, wenn der Wind mit ihnen spielt.)

TIPP

Hier lassen sich super diverse Stoff- und Bänderreste verwenden. Man kann sogar aussortierte Kleidungsstücke, z. B. Shirts, Hemden und Blusen, noch zu diesen Stoffbändern weiterverarbeiten. Die Bänder lassen sich auch an kleinere Äste knoten und an die Wand hängen, so holt man sich ein wenig den Boho-Stil ins Haus. Im Sommer kann man außerdem noch Muscheln zwischen die Bänder hängen.

KRÄNZE AUS MAKRAMEEGARN

Kränze sind auf jeden Fall immer eine wunderschöne Deko und man kann sie je nach Anlass stylen. Für eine Tischdeko sind hier Kränze aus einem Pappring und Makrameegarn entstanden, die recht schnell gemacht sind. Je nachdem, welche Größe sie am Ende haben, lassen sie sich ganz unterschiedlich einsetzen. Kleinere Kränze sind in dieser Technik auch perfekt als Serviettenringe, oder als Deko bei Geschenkverpackungen. Größere Kränze lassen sich sogar ins Fenster oder an die Tür hängen. Je nach Anlass lassen sie sich außerdem ganz unterschiedlich dekorieren. Zur Weihnachtszeit sehen sie beispielsweise auf einem grünen Tannenkranz ganz toll aus, der dann vielleicht an der Tür hängt. Diese Bastelei ist übrigens ein super DIY-Projekt für einen regnerischen Nachmittag mit Freundinnen oder größeren Kindern, die schon flechten können. Meine Tochter fand die Kränze so schön, dass sie sich gleich das Garn geschnappt und die Anleitung ausprobiert hat. Das ist für mich immer eines der größten Komplimente.

BENÖTIGTES MATERIAL

2 Teller oder Zirkel
Bleistift
Reste von stabiler Pappe
Schere
Makrameegarn, mindestens 3 mm breit
Klebestreifen
Heißklebepistole
Perlen in verschiedenen Größen
(z. B. von Rayher)
optional: kleine (grüne) Zweige,
z. B. Eukalyptus, oder Blüten

SO WIRD'S GEMACHT

Mithilfe von zwei Tellern oder einem Zirkel als Vorlage einen Pappring zuschneiden. Der Ring sollte nicht breiter als 1,5 bis 2 cm sein, damit man die Pappe nach dem Aufkleben des Garns nicht überstehen sieht.

Zum Flechten werden jeweils drei Stränge Garn benötigt. Pro Strang werden nun jeweils drei gleich lange Fäden zugeschnitten, die mindestens 15 cm länger sind als der Umfang von dem zugeschnittenen Pappring.

Die Stränge geordnet nebeneinander auf den Tisch legen und an der oberen Kante mit einem Klebestreifen fixieren. Anschließend flechten: Dabei wird immer abwechselnd erst der rechte und dann der linke Strang über die mittleren Bänder gelegt. Dabei darauf achten, dass die einzelnen Bänder in ihren Strängen nebeneinander liegen bleiben. Dann wirkt der Kranz am Ende ganz besonders schön und ordentlich.

➜

Den Makrameestrang etwas länger flechten, als der Umriss vom Pappring ist, und die Enden nicht verknoten. Nun wird der Strang mithilfe der Heißklebepistole auf den Ring geklebt. Dabei am besten in der Mitte des geflochtenen Strangs beginnen und sich dann ringsherum zu beiden Seiten vorarbeiten. Immer 2 bis 3 cm des Papprings mit der Heißklebepistole bestreichen und dann die Bänder vorsichtig daraufdrücken. Wenn der Kleber hält, mit dem nächsten Stück weitermachen. Das so lange wiederholen, bis sich die beiden Enden treffen.

Ein Ende auf dem Pappring festkleben und kurz abschneiden. Das andere Ende ein kleines Stück darüberkleben und kurz abschneiden. Die Stelle der Enden mit der Heißklebepistole mit verschiedenen großen Holzperlen bekleben. Wenn man in die Perlen später noch kleine Zweige oder Blüten stecken möchte, muss an dieser Stelle darauf geachteten werden, in welche Richtung die Perlenöffnung zeigt.

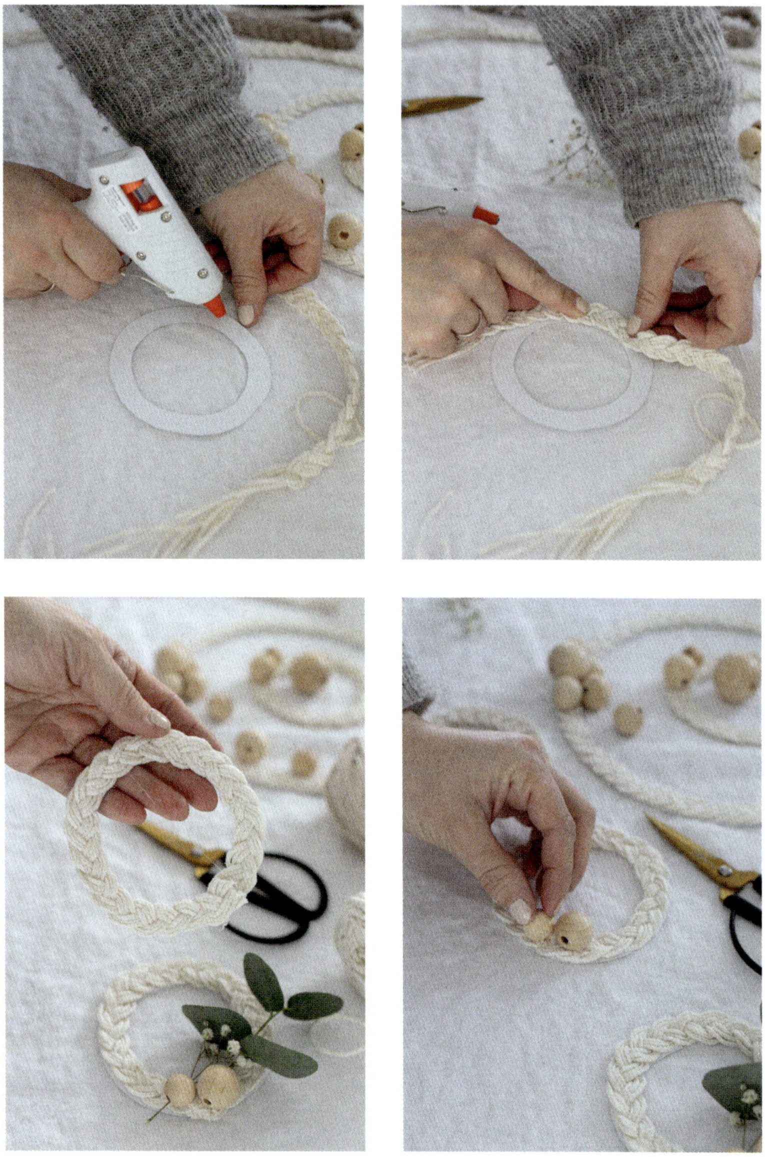

TIPP

Beschriftete Schildchen lassen sich auf den Kränzen ebenfalls sehr gut mithilfe der Heißklebepistole befestigen. So sind kleinere Exemplare perfekt für einen netten Gruß auf dem Tisch, oder auch an einem hübsch verpackten Geburtstagsgeschenk.

Anna
With Love
Happy Birthday

100% HOME MADE

Selbst gemachtes Eis schmeckt gleich noch besser, wenn man es zusammen zubereitet und ein paar Stunden später gemeinsam genießt. Entweder zu Hause, in der Natur oder zu einem festlichen Anlass.

KINDER-GEBURTSTAG IM MÄRCHENLAND

MARMORKUCHEN MIT HEIDELBEEREN

Ich erinnere mich gerne an meine eigenen Kindergeburtstage zurück und freue mich heute umso mehr, für meine Kinder die Partys auszurichten. Klassische Rezepte wie Marmorkuchen und Amerikaner passen natürlich auch zu allen anderen Anlässen, werden von Kindern aber auf jeden Fall sehr gerne gegessen und können gemeinsam gebacken und natürlich verziert werden.

ZUTATEN

(Für 1 22-cm-Guglhupf-Form oder 12 Muffinförmchen)

Für den Hauptteig

370 g Mehl plus etwas mehr für die Form(en)
2 TL Backpulver
1 Prise Salz
250 g weiche Butter
250 g Zucker
4 Eier
100 ml Milch

Für den Schokoladenteig

50 g Backkakao
100 g Zucker
100 ml Heidelbeersaft (von den abgetropften Heidelbeeren)

Für die Dekoration

1 Eiweiß
200 g Puderzucker
Naschileins (von Superstreusel)
Caketopperset Leaves & Flowers und Set Fee (von Hallo Anna Alles mit Liebe)

ZUBEREITUNG

Den Backofen auf 180 °C Umluft vorheizen.

Die Heidelbeeren aus dem Glas durch ein Sieb abtropfen lassen, den Saft dabei auffangen. Die Form(en) sehr gut fetten und mehlen.

Für den Schokoladenteig den Backkakao in einer kleinen Schüssel mit dem Zucker vermischen und mit dem Heidelbeersaft glatt rühren. Zur Seite stellen.

Für den Hauptteig Mehl, Backpulver und Salz vermischen und bereitstellen. In einer großen Schüssel die weiche Butter mit dem Zucker mit dem Handmixer in mehreren Minuten zu einer hellen Creme verrühren. Die Eier nach und nach unter die Creme mixen und kurz verrühren. Anschließend die Mehlmischung mit der Milch unterrühren und alles kurz zu einem homogenen Teig verrühren.

Etwas weniger als die Hälfte von dem hellen Hauptteig in eine andere Schüssel geben und mit dem Kakaogemisch für den Schokoladenteig verrühren.

Nun wird der Teig abwechselnd in die Form gefüllt. Man beginnt mit dem hellen Teig und gibt darauf etwas von dem dunklen. Auf dem dunklen Kuchenteig die Heidelbeeren verteilen und darauf achten, dass diese hauptsächlich in der Kuchenmitte bleiben, damit sie später nicht an der Kuchenform festbacken. Die letzte Schicht ist heller Teig. Mit einer Gabel durch den Teig swirlen, damit die Teigschichten sich etwas vermischen.

Den Kuchen im Ofen etwa 50 Minuten backen, Muffins haben eine kürzere Backzeit von etwa 25 Minuten. Stäbchenprobe machen: Wenn kein Teig mehr an einem in den Kuchen gesteckten Holzstäbchen kleben bleibt, ist er durchgebacken.

Außerdem

Fett für die Form(en)
1 Glas Heidelbeeren inkl. Einlegesaft

TIPP

Der Kuchen in Muffinförmchen kommt besonders bei Kindern richtig gut an.

Anschließend den Kuchen noch in der Form etwa 10 Minuten abkühlen lassen und dann auf ein Kuchengitter stürzen. Vollständig abkühlen lassen.

In der Zwischenzeit für die Dekoration das Eiweiß halb steif schlagen. Den Puderzucker untersieben und mit dem Handmixer verrühren. Den dicken Guss über dem abgekühlten Kuchen verteilen und mit den Naschileins von Superstreusel verzieren. Nach dem Trocknen mit dem Caketopper verzieren.

KLEINE AMERIKANER

Amerikaner – das Gebäck weckt bei mir Kindheitserinnerungen. Super gerne habe ich die schwarz-weiß glasierten Kuchenteilchen vom Bäcker gegessen. Manchmal hatten wir sogar Glück und unser Papa hat uns bereits zum Frühstück einen Amerikaner mitgebracht.
Ich erinnere mich auch daran, wie ich mit meiner Mama Amerikaner gebacken habe und fasziniert war, wie ähnlich sie denen vom Bäcker schmeckten. Das Geheimnis des besonderen Geschmacks liegt ganz sicher im Vanillepuddingpulver, das auf keinen Fall fehlen darf.
Im letzten Jahr haben wir Amerikaner für unseren Kindergeburtstag und auch für die Kinder in der Schule gebacken. Die Kleinen können beim Backen helfen und die Amerikaner mit Streuseln verzieren. Außerdem sind die Gebäckstücke eine gute Alternative zu klassischen Muffins. In einer geschlossenen Keksdose aufbewahrt halten sie sich einige Tage frisch.

ZUTATEN
(Für ca. 15 Stück)

Für den Teig

120 g weiche Butter
120 g Zucker
1 EL Vanillezucker
1 Prise Salz
2 Eier
250 g Mehl
1 Packung Vanillepuddingpulver
3 TL Backpulver
60 ml Milch

Für die Dekoration

1 Packung Superdrops Rosa (von Superstreusel)
Streusel Beerenbande (von Superstreusel)
Caketopper (von Hallo Anna Alles mit Liebe)

ZUBEREITUNG

Den Backofen auf 170 °C Ober-/Unterhitze vorheizen.

Für den Teig Butter, Zucker, Vanillezucker und Salz zu einer schaumigen Masse aufschlagen. Die Eier nach und nach kurz unterrühren. Mehl, Puddingpulver und Backpulver zur Eimasse sieben. Alles zusammen mit der Milch zu einem Teig verrühren.

Ein Backblech mit Backpapier auslegen. Mithilfe von zwei Esslöffeln kleine Teighaufen daraufsetzen, dabei darauf achten, dass zwischen den Teiglingen genügend Abstand ist, da diese beim Backvorgang noch auseinanderlaufen. Die Amerikaner im Ofen etwa 12 Minuten backen; wenn die Ränder leicht gebräunt sind, sind sie fertig. Anschließend auf einem Kuchengitter abkühlen lassen.

In der Zwischenzeit für die Dekoration die Superdrops nach Packungsangabe schmelzen. Mit einem Teelöffel auf den Amerikanern verteilen und mit Streuseln verzieren.

Happy Birthday

OBSTSPIEẞE FÜR FEEN UND ZAUBERER

Was bei einem Kindergeburtstag neben süßen Gebäckstücken auf gar keinen Fall fehlen darf, ist eine kleine gesunde fruchtige Alternative. Passt diese ein wenig zum Motto der Feier, dann wird das Obst auch gleich viel lieber verputzt. Werden die Früchte dann noch als Sterne, Herzen oder andere hübsche Formen angeboten, werden die Augen der Kleinen immer größer, und das Beste für alle Mamis: Das Obst wird sehr gerne gegessen, meine Kinder auf jeden Fall lieben solche Spieße. Die Spieße kann man, wenn man möchte, noch mit flüssiger Schokolade verzieren, das ist dann zwar nicht mehr so gesund, schmeckt dafür aber himmlisch gut. Im Übrigen nicht nur den Kleinen, auch allen Kind gebliebenen Großen.

ZUTATEN

(Für 8–10 Spieße)

passendes Obst der Saison (hier Ananas, Erdbeeren, dunkle Weintrauben)
optional: Marshmallows oder andere passende Süßigkeiten zum Aufspießen
optional: 50 g dunkle und 50 g weiße Schokolade

Außerdem

kleine Ausstecher (Sterne und Herzen und/oder andere Motive)
Schaschlikspieße

ZUBEREITUNG

Die Ananas vierteln, schälen und den inneren Strunk herausschneiden. Das Fruchtfleisch in dicke Scheiben schneiden und daraus Sterne ausstechen. Die Erdbeeren halbieren und Motive aus den Früchten ausstechen.

Dann die Spieße mit dem Obst befüllen. Dafür mit einem Ananasstern beginnen und diesen auf den Spieß an die Spitze setzen. Das andere Obst in beliebiger Reihenfolge aufspießen. Hier können auch Marshmallows oder andere Süßigkeiten dazugenommen werden.

Falls die Stücke noch schokoliert werden sollen, die beiden Schokoladensorten grob hacken. Jeweils einzeln im Wasserbad bei niedriger Temperatur schmelzen.

Sobald die Schokolade flüssig ist, die Spieße mit der Schokolade verzieren. Damit Letztere schnell fest wird, die Spieße bis zum Servieren im Kühlschrank aufbewahren.

SCHALEN MIT KONFETTI

Die selbst gemachten Schalen aus Papier sind ein superschönes DIY, welches man ganz toll mit Kindern umsetzen kann. Das Ergebnis kann sich wirklich sehen lassen. Und man kann eigentlich gar nichts falsch machen, solange man darauf achtet, dass genügend Papierschichten aufeinandergelegt werden!

BENÖTIGTES MATERIAL

Rolle mit weißem Toilettenpapier
Sprühflasche
Schale zum Abformen
Konfetti aus dünnem Papier
Schere
Serviettenkleber und -lack
(z. B. von Rayher)
Pinsel

TIPP

Anstatt einer Schale kann man auch einen aufgeblasenen Luftballon zum Abformen benutzen. Dadurch lassen sich höhere Schalen aus Klopapier formen, die man nach dem Trocknen beispielsweise als Kerzenhalter verwenden kann. Dafür wird der Luftballon, nachdem das Papier gut durchgetrocknet ist, einfach aufgeschnitten und entfernt.

SO WIRD'S GEMACHT

Von einer Toilettenpapierrolle Blätter abreißen und bereitlegen. Eine Sprühflasche mit Wasser füllen. Die einzelnen Blätter in eine glatte Schale legen und mit dem Wasser besprühen. Diesen Vorgang immer wieder wiederholen. Das Toilettenpapier darf dabei ruhig richtig durchnässt werden.

Zwischen die einzelnen Papierblätter immer wieder Konfettipunkte legen, so schimmern sie später schön durch die verschiedenen Papierschichten durch. Das Papier sollte sich immer wieder an verschiedenen Stellen überlappen, so ist die Schale später besonders stabil. Mindestens sechs bis acht Papierschichten sollten übereinandergelegt und immer wieder befeuchtet werden. Zum Schluss einige Konfettipunkte auf das feuchte Papier drücken. Wird die Schale dann zum Trocknen auf eine Heizung gestellt, ist sie bald durchgetrocknet.

Nach dem Trocknen wird die Papierschale vorsichtig aus der Schale gelöst. Den Rand der Papierschale mit einer Schere begradigen.

Um die Schale zu versiegeln, nun mit einem Pinsel, außen und innen, eine dünne Schicht Serviettenkleber und -lack auftragen. Dadurch bekommt das Papier ein schönes Finish. Auch Konfetti lässt sich in diesem letzten Schritt noch mal fixieren. Die Schale gut trocknen lassen.

MAGISCHE ZAUBERGLÄSER

Bei Kindergeburtstagen finde ich es immer schön, wenn die Gäste eine selbst gemachte Bastelei mit nach Hause nehmen können, damit sie eine kleine Erinnerung an ein paar schöne und lustige Stunden haben. Findet eine Zauberparty statt, lassen sich diese Gläser hier super gut gemeinsam mit den Kindern anfertigen. Man kann ihnen eine magische Geschichte dazu erzählen und dass man sich z. B. etwas Geheimes wünschen darf, wenn man die Gläser schüttelt. Die Kinder können dann die Gläser befüllen und je nachdem, wie gerne die Gruppe bastelt, z. B. dazu noch kleine Etiketten bemalen und sie beschriften. Die Variante unten mit der Watte ist etwas aufwendiger als mit dem Glitzer, aber man kann ja aus beidem wählen, je nachdem, wie viel Zeit dafür zur Verfügung steht. Wenn man bereits im Vorfeld leere Gläser sammelt, hat man vielleicht ohnehin schon alles für dieses DIY zu Hause und es ist außerdem auch noch recht kostengünstig.

BENÖTIGTES MATERIAL

Für die Gläser mit Watte
destilliertes Wasser
saubere Schraubgläser mit Deckel (z. B. von Rayher)
flüssige Lebensmittelfarbe
Wattebäusche
Glitzerpulver
Glitzersterne in verschiedenen Größen
Papier, Geschenkpapier, Stoff oder Glitzer und Stifte

Für die Gläser ohne Watte
zusätzlich Glycerin (dafür keine Watte)

SO WIRD'S GEMACHT

Gläser mit Watte
Etwas destilliertes Wasser in ein Schraubglas geben und ein paar Tropfen Lebensmittelfarbe hinzufügen. So viel Watte in das Glas geben, dass die erste bunte Wasserschicht mit Watte bedeckt ist. Glitzerpulver und -sternchen in das Glas geben und gegebenenfalls mithilfe eines Löffels etwas verteilen.

Den Arbeitsstep Nr. 1 so lange wiederholen, bis das Glas komplett gefüllt ist. Besonders schön sieht es am Ende aus, wenn man verschiedene Lebensmittelfarben verwendet, die sich ähnlich sind, so wie z. B. Blau- und Grüntöne.

Ist das Glas voll, mit dem passenden Deckel fest verschließen. Dies sollte am besten ein Erwachsener übernehmen, damit das Glas nicht aus Versehen aufgeht. Den Deckel nun mit Papier, Geschenkpapier, Stoff oder Glitzer verzieren und beschriften.

Gläser ohne Watte
Die Zaubergläser ohne Watte zunächst mit destilliertem Wasser befüllen. Glycerin hinzufügen, das Verhältnis von Glycerin zu Wasser sollte ca. 1:4 betragen. Das eigene Augenmaß ist hier ausreichend. Die Gläser dann mit Lebensmittelfarbe, Glitzerpulver und Sternchen befüllen. Fest verschließen. Beim Schütteln führt das Glycerin dazu, dass sich der Glitzer sehr langsam im Wasser bewegt. Auch bei diesen Gläsern kann der Deckel noch mit Papier, Geschenkpapier, Stoff oder Glitzer weiterbearbeitet werden.

ZAUBERSTÄBE

Zauberstäbe sind ein richtig tolles DIY für einen Kindergeburtstag, da die Gäste ganz selbstständig erst einen passenden Stock suchen, diesen dann dekorieren und später mit nach Hause nehmen können. Der Kreativität sind dabei keine Grenzen gesetzt, jedes Kind kann nach seinen persönlichen Vorlieben einen Stab gestalten. Alles, was man dafür benötigt, ist ein kleiner Fundus an Bastelsachen, die man vielleicht schon daheim hat. Die Anleitung hier bezieht sich auf Zauberstäbe, die mit Wolle oder Stickgarn umwickelt werden. Selbstverständlich lassen sich die Zweige z. B. auch einfach mit Acryl- oder Kreidefarbe bemalen und anschließend noch mit Glitzer und bunten Bändern verzieren. Sind die Zauberstäbe fertig, können die Kinder gleich loslegen mit ihrer magischen Party und sich ein wenig im Zaubern und Hexen üben.

BENÖTIGTES MATERIAL

kleinere, möglichst gerade Äste
Stickgarn (oder Wollreste) in bunten Farben
Schere
Heißklebepistole (z. B. von Rayher)
Glitzerkarton
Flitterkleber (z. B. von Rayher)
Glitzerpulver

SO WIRD'S GEMACHT

An der oberen Kante des Astes/Stabs das Garn verknoten und dieses anschließend in Runden um das Holz wickeln. Dabei das verknotete Ende überwickeln, sodass man den Endfaden nicht mehr sieht. Den Faden möglichst eng und dicht um das Holz wickeln. Wenn Kinder hier einen Anfang haben, können sie das ab ca. fünf Jahren super alleine schaffen. Bei einem Farbwechsel wird der verwendete Faden einfach verknotet und mit ca. 4 cm Länge abgeschnitten. Das Ende wird dann wieder, wie oben beschrieben, von dem neuen Faden umwickelt.

Wenn der Zauberstab besonders bunt werden soll, die Farbe des Garns regelmäßig wechseln.

Möchte man anschließend noch ein überkreuztes Muster haben, wird dafür am besten ein recht heller Faden ausgewählt, der sich farblich von den bereits verwendeten Farben abhebt. Dieser wird dann mit sehr großzügigem Abstand zunächst diagonal in die eine Richtung gewickelt und anschließend überkreuzt in die andere Richtung zurück. Die Fäden verknoten und mit ein wenig Heißkleber fixieren.

Aus dem Glitzerkarton ein paar Sterne in verschiedenen Größen ausschneiden und diese mit Heißkleber auf den Zauberstäben fixieren.

Als Verzierung ein wenig von dem Flitterkleber an der entsprechenden Stelle auftragen und mit Glitzer in verschiedenen Farben bestreuen. Leicht mit dem Finger festdrücken und gut trocknen lassen.

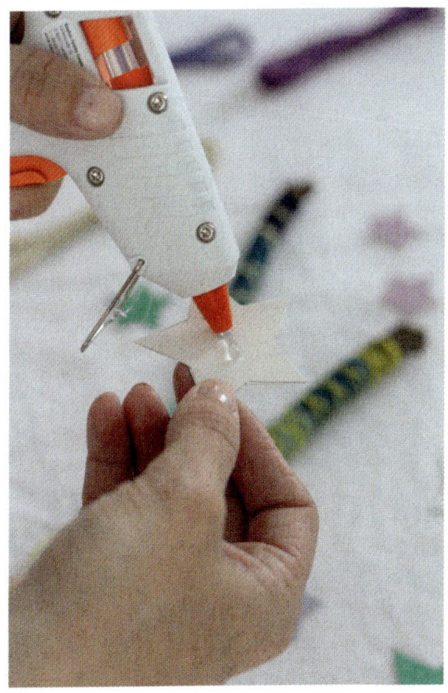

Es macht so viel Spaß, einen schönen Kindergeburtstag zu feiern. Für uns gehören kleine Kuchen und ein DIY, welches die Kinder mit nach Hause nehmen können, immer dazu.

MITTSOMMER

ERDBEER-SAHNE-TORTE

Ich liebe Erdbeer-Sahne-Torte und dieses Rezept ist mein persönlicher Favorit. Und oh, was liebe ich außerdem das schwedische Mittsommerfest. Auch wenn ich selbst es noch nie in Schweden gefeiert habe, schätze ich diese Tradition sehr, den längsten Tag des Jahres zu feiern. Wenn wir früher im Sommer ganz hoch oben an der Spitze Dänemarks Urlaub gemacht haben und es gefühlt die ganze Nacht hell war: Das war Sommer pur. Abendspaziergänge an den Steilklippen und dazu Erdbeeren, Softeis und Lakritzstreusel. Was in Schweden, zu Recht, auf gar keinen Fall bei einem Mittsommerfest fehlen darf, ist eine Erdbeertorte. Aber man muss ja nicht unbedingt in Schweden sein, um Erdbeertorte und Kladdkaka zu essen, Blumenkränze zu binden und einfach mit lieben Menschen das Leben zu genießen.

ZUTATEN
(Für 1 Springform mit 26 cm Durchmesser)

Für den Teig

200 g Mehl
100 g gemahlene Mandeln
1 Päckchen Backpulver
1 Prise Salz
250 g weiche Butter
150 g Zucker
1 Päckchen Vanillezucker
6 Eier
150 ml Milch

Für die Füllung

600 g Erdbeeren
600 g süße Sahne
3 Päckchen Sahnesteif
500 g Mascarpone
120 g Puderzucker
1 EL Zitronensaft
4 EL Erdbeerkonfitüre

ZUBEREITUNG

Den Backofen auf 180 °C Umluft vorheizen. Die Springform mit Backpapier auslegen.

Für den Teig Mehl, gemahlene Mandeln, Backpulver und Salz in einer Schüssel vermengen. In einer anderen Schüssel Butter, Zucker und Vanillezucker auf höchster Stufe in mindestens 3 Minuten zu einer cremigen Masse aufschlagen. Dann nach und nach die Eier hinzufügen, jeweils nur ganz kurz untermixen. Die trockenen Zutaten im Wechsel mit der Milch zur cremigen Eiermasse geben und kurz zu einem Teig verrühren.

Den Teig in die vorbereitete Springform füllen und im Ofen auf mittlerer Schiene etwa 45 Minuten backen. Stäbchenprobe machen: Wenn kein Teig mehr an einem in den Kuchen gesteckten Holzstäbchen kleben bleibt, ist er durchgebacken.

Den fertig gebackenen Kuchen in der Springform auf einem Kuchengitter abkühlen lassen. Nach etwa 30 Minuten den Kuchenrand mit einem scharfen Messer vorsichtig vom Springformrand schneiden, den Kuchen aus der Form nehmen und vollständig abkühlen lassen.

Anschließend den Kuchen mit einem großen scharfen Messer horizontal in drei gleich große Teile/Tortenböden schneiden. Es funktioniert einfach, wenn man mit einem kleinen Schnitt von etwa 2 bis 3 cm beginnt und sich um den Kuchen herumarbeitet und dann immer tiefer in den Kuchen einschneidet, bis man diesen geteilt hat.

Außerdem
optional: essbare Blüten zum Garnieren

TIPP

Sollte die Butter-Ei-Mischung beim Mixen etwas „krisselig" werden, liegt es oft daran, dass Butter und Eier nicht dieselbe Temperatur hatten. Dann reicht es oft schon, 1 EL Mehl zum Teig hinzuzufügen, damit dieser wieder glatt wird.

Die Erdbeeren in dicke Stücke schneiden.

Die Sahne in drei Teilen sehr steif schlagen und jeweils das Sahnesteif nach Packungsanweisung hinzufügen. Den Mascarpone mit dem Puderzucker und dem Zitronensaft glatt rühren und vorsichtig unter die Sahne ziehen.

Den ersten Tortenboden auf eine Tortenplatte legen und mit 2 EL Erdbeerkonfitüre bestreichen. Anschließend ein Drittel der Sahnecreme auf der Konfitüre verteilen und möglichst gleichmäßig mit Erdbeeren belegen. Den zweiten Tortenboden darauflegen und die Schichten wie vorher beschrieben wiederholen. Zum Schluss den dritten Tortenboden auflegen, mit der restlichen Creme bestreichen und mit den übrigen Erdbeeren dekorieren. Besonders schön sieht es aus, wenn man die Torte noch mit ein paar essbaren Blüten garniert.

SCHWEDISCHER KLADDKAKA

In Schweden ist Mittsommer gleich nach Weihnachten der wichtigste Feiertag. Es wird getanzt, gelacht, gesungen und selbstverständlich gegessen. Es werden Blumenhaarkränze gebunden, die am Mittsommerabend ausgeführt werden, und es gibt Kartoffelsalat mit ganz viel Schnittlauch und Lachs. Neben Erdbeeren mit Sahne darf auch der typisch schwedische Kladdkaka-Kuchen nicht fehlen. „Kladdkaka" bedeutet übersetzt „Klebekuchen", da er nach dem Backen noch richtig „matschig" und klebrig ist. Man braucht dafür gar nicht unbedingt ein Topping. Er lässt sich auch einfach mit Puderzucker servieren. Ein paar frische Beeren schmecken ganz sicher immer lecker dazu, aber rote Grütze oder Ähnliches kann ich mir ebenso sehr gut vorstellen.

ZUTATEN

(Für 1 Springform mit 20 cm Durchmesser)

Für den Teig

150 g Butter
250 g Zucker
100 g Backkakao
1 EL Vanillezucker
3 Eier

Für das Topping

250 g süße Sahne
100 g Doppelrahmfrischkäse
30 g Puderzucker
1 EL Zitronensaft
150 g Heidelbeeren

Außerdem

Fett für die Form

ZUBEREITUNG

Den Backofen auf 180 °C Umluft vorheizen. Die Springform mit Backpapier auslegen und den Rand fetten.

Für den Teig die Butter langsam schmelzen und dann kurz abkühlen lassen. In der Zwischenzeit alle trockenen Zutaten in einer Schüssel vermischen. Die Butter in eine Rührschüssel geben und die Eier hinzufügen. Eier und Butter mit einer Gabel verschlagen, bis alles gut vermischt ist. Die flüssigen Zutaten zu den trockenen geben und mit der Gabel zu einem Teig vermengen, er ist recht fest und klebrig.

Den Teig in die Springform füllen und glatt streichen. Den Kuchen im Ofen auf mittlerer Schiene 15 bis höchstens 20 Minuten backen, er sollte danach noch recht „klitschig" sein, dann ist er genau richtig.

Den fertig gebackenen Kuchen mit einem scharfen Messer vom Rand der Springform lösen und aus der Form nehmen. Auf einem Kuchengitter abkühlen lassen.

Für das Topping in der Zwischenzeit die Sahne steif schlagen. Den Frischkäse mit dem Puderzucker und Zitronensaft glatt rühren. Die Sahne vorsichtig unterheben.

Zuletzt die Masse auf den ausgekühlten Kuchen streichen und mit Heidelbeeren toppen.

SCHWEDISCHER KARTOFFELSALAT

Der Kartoffelsalat aus Drillingen ist so köstlich, dass es ihn bei uns tatsächlich öfters gibt. Spätestens dann, wenn wir Pellkartoffeln übrig haben, denke ich an diesen himmlischen Salat, der durch das cremige Dressing gleich noch leckerer wird. Er ist ideal für ein sommerliches Mittsommerbüfett. Dazu schmeckt eiskalter Roséwein, und der Abend ist perfekt! Wer keinen Fisch mag, lässt diesen einfach weg. Man kann auch noch Tomaten hineinschneiden. Der Salat lässt sich super schon einen Tag vorher vorbereiten. Das Dressing wird in diesem Fall erst kurz vor dem Servieren darübergegeben.

ZUTATEN

(Für 4 Portionen)

Für den Salat

1 kg Drillinge (kleine Kartoffelsorte)
Salz
1 Bund frischer Dill
1 Zwiebel
6 große Gewürzgurken
4 Eier
200 g Garnelen (oder Krabben), servierfertig
200 g kalt geräucherter Lachs
1 unbehandelte Zitrone, in Scheiben geschnitten, zum Servieren

Für das Dressing

200 g Schmand
100 g Naturjoghurt
2 TL grober Senf
1 TL Honig
Saft von 1 Zitrone
3 EL Olivenöl
6 EL Einlegewasser der Gewürzgurken
Salz
Pfeffer

ZUBEREITUNG

Für den Salat die kleinen Kartoffeln gut waschen und in Salzwasser etwa 15 bis 20 Minuten garen, bis sie bissfest sind. Danach die Drillinge abgießen und abkühlen lassen.

In der Zwischenzeit das Dressing zubereiten, dafür alle Zutaten miteinander vermengen.

Die Kartoffeln vierteln und auf einem großen Teller verteilen. Den Dill grob hacken und einen kleinen Teil für die Deko zurücklegen, den Rest über die Kartoffeln geben.

Eine Zwiebel abziehen und in Streifen schneiden. Die Gurken in Scheiben schneiden. Die Eier hart kochen, danach abkühlen lassen und vierteln.

Die Zwiebel- und Gurkenscheiben über den Kartoffeln verteilen. Den Kartoffelsalat mit dem Dressing beträufeln und mit den Eiern, den Garnelen und dem Lachs toppen. Alles ganz vorsichtig vermengen. Zuletzt den Salat mit dem beiseitegelegten Dill und Zitronenscheiben garnieren.

SMÖRREBRÖD

Smörrebröd ist ganz sicher ein dänischer Klassiker. „Smör" steht dabei für „Butter" und „bröd" für „Brot". Trotzdem hat es mit dem deutschen Butterbrot nicht so viel gemeinsam, denn Smörrebröd ist viel reichhaltiger belegt und man isst es für gewöhnlich mit Messer und Gabel. Mich erinnert es immer an einen wunderbaren Tag in Kopenhagen, an dem wir in einem schönen kleinen Straßencafé gesessen und am Mittag dick belegte Brote mit Avocado und Lachs gegessen haben. Es war so köstlich. Mein Favorit bleibt dabei auf jeden Fall ein dunkles Brot mit Avocado. Das ist sehr häufig unser Mittagssnack. Super gerne mache ich am Abend auch eine ganze Platte mit diversen Sorten Smörrebröd. Hier lassen sich so viele Kombinationen herstellen. Bei einem klassischen Rezept für Smörrebröd, dem sogenannten Kartoffelmad, wird ein dick geschnittenes Roggenbrot mit Mayonnaise bestrichen und mit Scheiben von Pellkartoffeln belegt. Diese werden dann noch mit klein geschnittenen Zwiebeln, Radieschen und Kresse bestreut. Ein Smörrebröd-Büfett finde ich persönlich für ein Mittsommerfest sehr verlockend. Man stellt einfach die verschiedensten Zutaten fertig geschnitten bereit und jeder bereitet sich nach seinem Gusto sein eigenes Brot.

ZUTATEN

Die folgenden Zutaten können nach Belieben abgeändert, getauscht oder anders kombiniert werden. Es sind lediglich Anregungen, wie man Smörrebröd zubereiten kann:

kräftiges Brot (am besten Roggenbrot), möglichst dick geschnitten
gesalzene Butter
kalt geräucherter Lachs
rote Zwiebeln, in dünne Streifen geschnitten
Kapernäpfel
Salatgurke, in dünne Scheiben geschnitten
Avocado
Knoblauchzehen, gepresst
Koriander oder glatte Petersilie
Basilikum

ZUBEREITUNG

Smörrebröd mit Avocado und Lachs

Eine Scheibe Brot dick mit Butter bestreichen. Eine Avocadohälfte mithilfe einer Gabel zerdrücken. Knoblauch pressen und eine halbe Zehe unter die zerdrückte Avocado mischen. Mit Zitronensaft, Salz, Pfeffer und Paprikapulver würzen und abschmecken. Großzügig auf das Brot streichen und mit geräuchertem Lachs, Kapern und Zitronenscheiben toppen.

Smörrebröd mit Avocado und Heidelbeeren

Eine Scheibe Brot mit Butter bestreichen. Eine Avocadohälfte in Scheiben schneiden und auf das Brot legen. Mit Paprikapulver, Salz, Pfeffer und Sesamsamen bestreuen. Dazu passen Heidelbeeren und Zwiebeln.

Smörrebröd mit Burrata

Eine Scheibe Brot mit Butter bestreichen. Darauf den Kräuterfrischkäse verteilen. Cocktailtomaten vierteln und zusammen mit zerzupfter Burrata auf dem Frischkäse verteilen. Mit Salz und Pfeffer würzen und mit Basilikum garnieren.

Berberitzen
Cherrytomaten
Burrata
Kräuterfrischkäse
Heidelbeeren
Kapern
Salz
Pfeffer
Sesam

Smörrebröd mit Avocado und Gurken
Eine Scheibe Brot mit Butter bestreichen. Eine Avocadohälfte mithilfe einer Gabel zerdrücken. Mit einer halben gepressten Knoblauchzehe, Zitronensaft, Salz und Pfeffer würzen. Auf das Brot streichen und mit Gurkenscheiben, Zitrone, Berberitzen und Koriander oder glatter Petersilie garnieren.

Smörrebröd mit Lachs und Kapernäpfeln
Eine Scheibe Brot mit Butter und Kräuterfrischkäse bestreichen. Mit geräuchertem Lachs belegen. Den Lachs mit Gurkenscheiben, Zitrone, Zwiebeln und Kapernäpfeln toppen. Mit Salz und Pfeffer würzen.

BLUMENSTRÄUSSE – TISCHDEKO FÜR FESTE

Was bei einer Feierlichkeit – egal, ob Mittsommer oder einem anderen Tag – nicht fehlen darf, sind Blumen. Am allerschönsten finde ich es, wenn man Blumen in kleinen Gläsern auf den Tischen verteilt. Die Blumen sollten farblich aufeinander abgestimmt sein und natürlich auch ein wenig zur Tischdeko passen. Der Rest ist ganz leicht: Im Keller habe ich beispielsweise eine große Kiste, in der ich leere Gläser sammle. Ich finde es z. B. total nett, Blümchen auch mal in ausgespülte Marmeladegläser zu stellen. Leere und gut ausgespülte Kerzengläser sind ebenfalls für kleine Blumenarrangements perfekt. Man muss also nicht immer eine passende Vase zur Hand haben. Diese folgende Art der Blumendekoration passt in jede Jahreszeit, je nachdem, welche Blumen man gerade zur Verfügung hat. Es sieht auch sehr hübsch aus, einfach nur Schleierkraut und ein paar grüne Zweige zu verwenden. Schleierkraut gibt es mittlerweile in so vielen tollen Farben.

BENÖTIGTES MATERIAL

Blumen der jeweiligen Saison (z. B. von Tausendschön), auf jeden Fall Schleierkraut
grüne Zweige, z. B. Olive und Eukalyptus (z. B. von Tausendschön)
kleine Vasen
saubere Marmeladen- und/oder Kerzengläser
Schere
Teelichtgläser (z. B. von TineKHome)

SO WIRD'S GEMACHT

Die verschiedenen Blumen und Zweige nebeneinanderlegen und schauen, welche Blumen und Zweige gut zusammenpassen. Je nachdem, wie groß die Vasen/Gläser sind, die zur Verfügung stehen, braucht man pro Vase/Glas nicht mehr als ein bis drei Blüten. Die Blumen und Zweige dann entsprechend den Vasen/Gläsern sortieren.

Die Stiele der Blumen entsprechend der Vasen/Glasgröße beschneiden. Die Blumen dürfen dabei noch ein Stück über den Vasen/Glasrand ragen. (Rosen kombiniere ich super gerne mit Olivenzweigen und Schleierkraut.) Die Blumen jeweils wie vorsortiert in Vasen/Gläser stellen und Vasen/Gläser mit Wasser befüllen.

Ansonsten macht sich Schleierkraut auch sehr gut alleine in Vasen/Gläsern, wenn man gleich mehrere Zweige hineinstellt. Schleierkraut trocknet auch prima ein, da hat man dann ganz, ganz lange etwas von der Deko!

Die Vasen/Gläser mit den Blumen auf dem Tisch verteilen. Dazwischen ein paar Teelichtgläser stellen, das sieht super schön aus.

Wenn man auf dem Tisch nicht so viel Platz hat – irgendwo muss ja auch das ganze Essen noch stehen –, kann man die Vasen/Gläser auch auf einem Tablett anordnen. Dann darauf achten, dass die höheren Vasen/Gläser in der Mitte stehen und die kleineren außen herum verteilen.

TIPP

Diese Deko ist übrigens perfekt für Hochzeiten, Taufen oder andere ähnliche Gelegenheiten. Auf meiner eigenen Winterhochzeit gab es z. B. nur Schleierkraut und Olivenzweige, die überall verteilt wurden. Dazwischen standen die wunderschönen Gläser, die das Licht der Teelichter so schön brechen. Lieben Gästen kann man im Anschluss an die Feier noch ein Blumenglas schenken.

BLUMENHAARKRÄNZE

Wir lieben Haarkränze sehr, meiner Tochter habe ich schon ganz oft welche gebunden. Es lassen sich so viele verschiedene Blümchen dafür verwenden! In den kalten Monaten, in denen die Auswahl an frischen Blumen nicht ganz so groß ist, kann man auch super auf getrocknete zurückgreifen. Schleierkraut gibt es ja das ganze Jahr über und es trocknet nach dem Binden wunderschön ein. So kann man die zarten Kränze immer wieder verwenden. Für einen üppigen Mittsommerkranz lassen sich selbstverständlich auch Feld- und Wiesenblumen verwenden. Dann sollten die Kränze am besten erst kurz vorm Tragen ganz frisch gebunden werden, damit sie möglichst lange halten.

BENÖTIGTES MATERIAL

biegsamer Draht, ca. 0,2 cm dick
Schere
Klebeband in Weiß
Blumen der jeweiligen Saison
(z. B. von Tausendschön),
z. B. Rainbow-Schleierkraut und
Wachsflower (oder wahlweise
Schneeball, Olive, Bergdistel)
optional: Satin- und Spitzenbänder

SO WIRD'S GEMACHT

Den Draht am Kopf abmessen und passend zuschneiden. Dabei jeweils an beiden Enden mindestens 2,5 cm Draht dazurechnen, in diesen Enden wird später das Band befestigt. Die Enden des Drahts zu einer kleinen Schlaufe biegen und fest mit dem weißen Klebeband umwickeln.

Von den großen Schleierkraut- und Wachsflower-Zweigen kleine Zweige abschneiden und in Farben gemischt zu kleinen Sträußen binden. Die Enden der Sträuße eng mit weißem Klebeband umwickeln. Die Enden der Stiele mit einer Schere begradigen.

Wenn viele kleine Sträuße fertig sind, diese mit dem weißen Klebeband an dem vorbereiteten Draht befestigen. Dafür in der vorderen Mitte beginnen. Die Enden der Sträuße zeigen dabei Richtung Schlaufe. Wenn der erste kleine Strauß fest am Draht befestigt ist, wird ein neuer über das Ende des ersten gebunden. So weiter fortfahren, bis man kurz vorm Ende auf dieser Seite angekommen ist. Der letzte Strauß sollte so um den Draht gebunden werden, dass sich das Ende vor der kleinen Drahtschlaufe befindet.

Nun wird die andere Seite des Haarkranzes gebunden. Dafür werden die Sträuße in die entgegengesetzte Richtung an dem Draht befestigt als auf der anderen Seite des Haarkranzes. Die Köpfe der mittigen Sträuße sollten sich also ungefähr in der Mitte des Kranzes treffen, um ein gleichmäßiges Bild zu erhalten. Die restlichen Sträuße genauso wie bei Arbeits-Step 3 an den Kranz binden.

In den Schlaufen lassen sich nun noch Satin- und Spitzenbänder befestigen, damit der Kranz am Kopf mit einer hübschen dicken Schleife zusammengehalten wird. Bei langen Haaren sieht es super aus, wenn man die Bänder schön lang abschneidet.

KLEINER MITTSOMMER-BAUM FÜR DEN TISCH

In Schweden ist es zu Mittsommer üblich, einen Baum bunt zu schmücken, mit Bändern, Blumen und Zweigen. Er ähnelt sehr dem deutschen Maibaum und am Mittsommerabend tanzt man um diesen Baum herum. So einen kleinen Baum kann man sich ebenso gut ganz leicht für zu Hause und die eigene kleine Mittsommerfeier zaubern. Natürlich auch schon passend zum 1. Mai, so hat man gleich noch länger etwas davon.

BENÖTIGTES MATERIAL

Blumendraht
Drahtrohling-Kranz mit
  ca. 20 cm Durchmesser
frische Blumen und andere Zweige:
  Olive Schneeball, Schleierkraut und
  Bergdistel (z. B. über Tausendschön)
Schere
Sand
großes Glas
dicker Stock, ca. 35 cm lang
Satinbänder in bunten Farben

TIPP

Dieses kleine DIY ist eine wunderschöne Tischdeko. Und sollte man sich den Haarkranz (Seite 54) binden, kann man gleich noch einen zweiten Kranz für den hübschen Baum binden. Ich persönlich finde ja, dass man den Baum ruhig als Deko für den ganzen Sommer über basteln kann. Es gibt schließlich immer etwas zu feiern, und wenn es eben das Leben ist!

SO WIRD'S GEMACHT

Blumendraht und Drahtrohling bereitlegen und die Blumen und Zweige entsprechend kürzen. Zu Beginn ein paar kleine Olivenzweige mit dem Blumendraht an den Drahtkranz binden. Nun werden locker und buschig immer wieder ein paar neue Zweige und Blüten über das jeweilige Ende der vorangegangenen Zweige gelegt und mit dem Draht befestigt.

So fährt man fort, bis man am Ende des Kranzes angekommen ist. Beim Binden darauf achten, dass man Schneeball, Olive, Schleierkraut und Bergdistel abwechselt und die Zweige auch mal etwas überhängen.

Für das Ende des Kranzes die Enden der letzten Zweige unter die Zweige des Anfangs schieben und so festbinden, dass man den Draht möglichst nicht sieht. Den Draht abschneiden und auf der Rückseite verknoten.

Nun füllt man Sand in ein großes Glas und stellt den Stock fest hinein. Man kann diesen natürlich auch auf andere Art und Weise befestigen. Vier gleich lange Satinbänder (ca. 25 cm) abschneiden und in gleichmäßigen Abständen an den Blumenkranz knoten. Die vier Enden der Bänder zusammenführen und ebenfalls mit einem Knoten verbinden.

Den Kranz nun über den kleinen Ast heben und mit den Bändern an der oberen Kante befestigen. Überstehende Bänder eventuell abschneiden. Bunte Satinbänder lassen sich nun noch schön lang rund um den Kranz binden.

BLUMENWINDLICHTER

Gläser mit zarten Blümchen – perfekt, um die Lieblingsblumen und damit den Sommer zu konservieren. Die Blüten kann man ganz einfach selbst pressen, um dann ein paar Tage später die Gläser zu bekleben. Wenn man nicht warten möchte, kann man Blüten auch fertig getrocknet kaufen. Allerdings macht es mehr Spaß, Blüten und Gräser selbst zu sammeln und in einem dicken Buch zu trocknen. Margeriten, Lavendel, Klee, Butterblumen und blaue Glockenblumen sind ganz traditionelle Mittsommerblümchen, die wunderschön auf diesen Gläsern aussehen. Im Herbst kann ich mir diese auch sehr gut mit bunt getrockneten Blättern vorstellen.

BENÖTIGTES MATERIAL

Dekogläser (oder Vasen) zum Hängen (z. B. von Rayher)
Serviettenkleber und -lack (z. B. von Rayher)
(am besten breiter) Pinsel
optional: Pinzette
getrocknete Blüten und Blätter (und/oder Gräser)

SO WIRD'S GEMACHT

Die Gläser mit etwas Serviettenkleber bestreichen. Das funktioniert am besten mit einem breiten Pinsel. Eine Blüte/ein Blatt vorsichtig auf die Klebestelle legen (optional mit einer Pinzette) und dann mit etwas Kleber bestreichen. So haftet die Blüte/das Blatt gut an dem Glas und wirkt nach dem Trocknen wie lackiert. Der Kleber trocknet durchsichtig und man sieht die Klebestellen nach dem Trocknungsvorgang nicht mehr.

Das Glas rundherum mit Blüten und Blättern bekleben und anschließend gut trocknen lassen.

TIPP

Anleitung Henkelgläser

Verwendet man Gläser mit Henkel, lassen die sich auch als Windlichter in Bäume hängen. Wenn man LED-Teelichter hineinstellt, muss man auch nicht auf das Kerzenlicht aufpassen. Die Henkelgläser lassen sich auch ganz einfach selbst machen: Dafür benötigt man lediglich leere Schraubgläser und etwas Draht, den man dann um das Glas biegt. Daran lässt sich ein Henkel aus Draht befestigen.

ZITRONENKERZEN

Schenkt dir das Leben eine Zitrone – mach auf jeden Fall irgendwann mal eine Kerze daraus. Aus dem sauren Fruchtfleisch lässt sich dann gleich noch eine köstliche Limo zaubern, die uns die Sommertage und ganz sicher auch Mittsommer versüßt. Sauer macht schließlich lustig. Zitronen duften nach Sommer und die Kerzen duften so wunderbar. Sie halten Wespen und Mücken ab, sind also perfekt für einen Abend mit Freunden im Freien. Das Bienenwachs lässt sich selbstverständlich auch durch Kerzenwachs ersetzen, allerdings riechen die Kerzen dann nicht so gut. Am besten macht man die Kerzen, kurz bevor sie verwendet werden, damit sie schön frisch und strahlend aussehen. Sie halten sich nach der Fertigung ein paar Tage. Dann bewahrt man sie am besten im Kühlschrank auf, damit die Zitronen frisch bleiben.

BENÖTIGTES MATERIAL

- 3 Amalfizitronen oder andere große Zitronen
- scharfes Messer
- Teelöffel
- Küchenkrepp
- 300 g Bienenwachspastillen
- Wasserbad mit Gefäß zum Schmelzen von Wachs
- Holzstäbchen zum Umrühren der Bienenwachspastillen
- Holzdochte mit Eisenständer (oder vorgewachste Dochte)
- 1 Zweig Rosmarin
- 1 Fläschchen Citronella-Duftöl
- Schere

SO WIRD'S GEMACHT

Die Zitronen in der Mitte halbieren. Mit einem scharfen Messer am Fruchtfleisch entlangschneiden und dieses vorsichtig mit einem Teelöffel aus der Zitrone lösen. Die Zitrone mit Küchenkrepp etwas trocken tupfen. Mit allen drei Zitronen so verfahren, bis man sechs saubere Hälften hat.

Die Bienenwachspastillen im Wasserbad bei mittlerer Temperatur schmelzen, dabei immer mal wieder mit einem Holzstäbchen umrühren. In der Zwischenzeit die Holzdochte in die Eisenständer schieben. Jeweils einen Ständer mit Docht in eine Zitronenhälfte stellen. Die Nadeln des Rosmarinzweigs klein hacken.

Das geschmolzene Bienenwachs vorsichtig in die Zitronenhälften füllen. Das Wachs in jeder Zitronenhälfte mit zwei Fingerspitzen gehacktem Rosmarin bestreuen und mit vier bis fünf Tropfen Citronellaöl beträufeln. Das Bienenwachs wird sehr schnell wieder fest, deshalb sollte man die Zitronen zügig befüllen und mit dem Rosmarin und dem Öl verfeinern.

Wenn das Wachs wieder fest ist, den Docht mit einer Schere kürzen. Die Kerzen nur auf einer feuerfesten Unterlage und unter Aufsicht anzünden. Sie lassen sich übrigens auch perfekt als Schwimmkerzen nutzen.

TIPP

Rezept Zitronenlimo

Das Fruchtfleisch von 3 Zitronen in grobe Stücke schneiden und zusammen mit 200 g Zucker in einen hohen Kochtopf geben. Diesen Ansatz am besten mehrere Stunden ziehen lassen, damit die Limo besonders fruchtig wird. Dann mit 300 ml Wasser auffüllen und so lange köcheln lassen, bis sich der Zucker vollständig aufgelöst hat. Den so entstandenen Sirup durch ein sehr feines Sieb in heiß ausgespülte Flaschen füllen und fest verschließen. Der Zitronensirup hält sich kühl und dunkel gelagert mehrere Monate. Für die Limonade den Sirup (Menge nach Geschmack) mit Soda auffüllen. Mit Eiswürfel und Zitronenscheiben garnieren.

Mittsommer: ganz sicher mein allerliebstes skandinavisches Fest, von dem wir uns einfach so viele Hygge-Momente abschauen und selbst feiern können.

hej

HERBSTFEIEREI

KÜRBISMUFFINS MIT ZUCKERKRUSTE

Im letzten Herbst habe ich eine kleine sonnige Herbstparty mit meiner Familie gefeiert. Wir haben zu Hause ein Picknick vorbereitet und alles in einen Korb gepackt. Eine große Decke dazu, und dann sind wir in unseren nahe gelegenen Wald spaziert. Dort haben wir diese Kürbismuffins mit Zuckerkruste schnell verputzt. Die knusprige Kruste zum saftigen Kuchen schmeckt einfach perfekt.

ZUTATEN

(Für 12 Muffins)

Für die Muffins

2 Eier (Größe M)
180 g Zucker
1 Päckchen Vanillezucker
120 g Sonnenblumenöl
250 g Kürbispüree
200 g Mehl
½ Päckchen Backpulver
1 Prise Salz
2 TL Pumpkin Spice

Für die Knusperkruste

6 EL Zimt-Zucker-Mischung
4 EL Butter

Außerdem

Muffinblech und
12 Muffinförmchen

ZUBEREITUNG

Den Backofen auf 180 °C Umluft vorheizen. Das Muffinblech mit den 12 Muffinförmchen auslegen.

Für die Muffins die Eier mit Zucker, Vanillezucker, Sonnenblumenöl und Kürbispüree in einer Schüssel verrühren. Das Mehl mit Backpulver, Salz und Pumpkin Spice vermischen und in die Schüssel sieben. So wird der Teig besonders fein. Alles so lange verrühren, bis die trockenen Zutaten sich mit den flüssigen vermischt haben.

Anschließend den Teig gleichmäßig auf die Muffinförmchen verteilen. Im Ofen etwa 20 Minuten backen. Stäbchenprobe machen: Wenn kein Teig mehr an einem in die Muffins gesteckten Holzstäbchen kleben bleibt, sind sie durchgebacken. Die fertig gebackenen Muffins kurz abkühlen lassen.

In der Zwischenzeit für die Kruste die Zimt-Zucker-Mischung in eine Schüssel geben. Die Butter schmelzen. Die Muffins mit der oberen Seite in die flüssige Butter tauchen und dann in der Schüssel mit dem Zimtzucker so lange hin und her wälzen, bis sie komplett damit bedeckt sind. Danach abkühlen lassen.

TIPPS

Rezept Pumpkin Spice

Pumpkin Spice lässt sich auch ganz einfach selbst machen:
Zutaten: 4 TL Ingwerpulver, 4 TL gemahlene Muskatnuss, 2 TL gemahlene Gewürznelken, 4 TL Zimtpulver, ½ TL gemahlenen Anis.
Zubereitung: Alle Gewürze in ein sauberes Schraubglas geben, gut miteinander vermischen und verschließen. Das Gewürz eignet sich für alle Gerichte rund um Kürbis. Egal, ob süß oder salzig!

Rezept Kürbispüree

Pssst: Kürbispüree lässt sich ebenfalls ganz einfach selbst zubereiten:

Zutaten: 1 Hokkaido-Kürbis.

Zubereitung: Den Kürbis im vorgeheizten Backofen bei etwa 170 °C Umluft 30 bis 45 Minuten (je nach Größe) garen. Und zwar komplett! Der Kürbis wird einfach am Stück hineingelegt. Am besten auf der mittleren Schiene. Anschließend abkühlen lassen. Dann entkernen und grob zerschneiden. In eine hohe Schüssel geben und mit einem Pürierstab fein pürieren.

Ich friere das Püree dann in 250-g-Tütchen ein, das ist meistens die perfekte Menge für meine Rezepte.

KARAMELLISIERTE SCHOKO-ÄPFEL UND MARONEN

Schokoäpfel erinnern mich an meine Kindheit: an Kirmes, Liebesperlen, gebrannte Mandeln, Karussellfahrten und an diesen ganz besonderen Geruch, den es eben nur auf einer Kirmes gibt. Und an viele andere Feste in unserem kleinen Dorf und unbeschwerte leichte Tage, die wir uns an den Zuckerständen noch versüßt haben, bevor irgendjemand wieder ein paar Chips fürs Karussell springen ließ. Die folgenden karamellisierten Schokoäpfel habe ich jedoch so noch auf keiner Kirmes gefunden. Dort sieht man eher die knallroten Liebesäpfel, die beim Hineinbeißen so hart sind, dass man regelrecht Angst hat, danach zum Zahnarzt zu müssen. Ich habe die Schokoäpfel für einen Weihnachtsmarktstand schon mal selbst gemacht und bin dabei ganz ordentlich ins Schwitzen geraten, da das gar nicht so einfach war. Leider sahen sie am Ende auch nicht so schön aus, wie ich mir das erhofft hatte ... Diese Schokoäpfel hingegen schmecken nicht nur traumhaft, sie sind auch noch einfach in der Zubereitung. Ich glaube, das Rezept würde sich auch sehr gut mit reifen kleinen Birnen machen. Für echtes Jahrmarkt-Feeling dürfen außerdem warme Maronen aus der Tüte nicht fehlen.

ZUTATEN

(Für 5–6 kleine Äpfel)

5–6 kleine Äpfel
50 g hochwertige Zartbitterschokolade
220 g feiner Zucker
20 g flüssiger Honig
80 g süße Sahne
1 TL grobes Meersalz

Außerdem

5–6 kleinere Äste

TIPP

Die Äpfel lassen sich auch mit Streuseln oder gehackten Nüssen dekorieren.

ZUBEREITUNG SCHOKOÄPFEL

Die Äpfel vorsichtig vom Stiel befreien. Jeweils in das Loch vom Stiel einen kleinen Ast hineinstecken. Das funktioniert am einfachsten, wenn man diesen leicht hineindreht.

Die Schokolade grob hacken. In einem hohen Topf 2 EL Wasser, Zucker und Honig unter Rühren aufkochen.

Die Sahne im Wasserbad erwärmen und die gehackte Schokolade darin schmelzen. Die Sahne darf nicht zu heiß sein, sonst gerinnt die Schokolade. Die Zucker-Honig-Mischung unter die Schokosahne mischen und unter Rühren aufkochen, bis eine cremige Karamellmasse entstanden ist. Das dauert etwa 15 Minuten.

1 kleinen TL der Masse auf einen kalten Teller tropfen, um zu überprüfen, ob das Karamell fest wird. Wenn das der Fall ist, den Topf vom Herd nehmen; falls nicht, vorher noch etwas weiterköcheln lassen. Die Äpfel nacheinander durch die Masse ziehen und sofort mit ein wenig Meersalz bestreuen. Die Äpfel zum Aushärten auf Backpapier stellen.

ZUTATEN

(Für 5–6 kleine Tütchen)

600 g Maronen
etwas Salz

Außerdem

kleine (Spitz-)Tüten

ZUBEREITUNG

Die Maronen für 30 Minuten in kaltes Wasser legen, dadurch lassen sie sich später einfacher schälen. Anschließend mit einem scharfen Messer kreuzweise an der oberen Seite bis zum Fruchtfleisch einritzen.

Den Backofen auf 200 °C Ober-/Unterhitze vorheizen.

Eine ofenfeste Schüssel mit Wasser füllen und in den unteren Backofenbereich stellen. Die Maronen mit der Schnittseite nach oben auf ein mit Backpapier ausgelegtes Backblech legen. Im Backofen etwa 20 bis 25 Minuten rösten. Die Maronen sind fertig, wenn die Schale an der Schnittstelle aufgeplatzt ist.

Die Maronen noch warm in kleine Tüten füllen. Schälen, essen und sich ein bisschen wie auf einem herbstlichen Jahrmarkt fühlen.

TIPP

Anleitung Spitztüten

Spitztüten für Maronen (oder andere Leckereien wie gebrannte Mandeln) lassen sich ganz einfach selbst zaubern: Dafür benötigt man lediglich ein wenig Geschenk- oder Packpapier. Das Papier quadratisch in der Größe 18 x 18 cm (oder je nachdem, wie groß oder klein man die Tüten gerne hätte) zuschneiden. Eine der Papierkanten mit einem Klebestift bestreichen und die Gegenseite der Spitztüte auf die Kante mit dem Klebstoff drücken. Die Tüte trocknen lassen, bevor sie gefüllt wird.

GEFÜLLTER KÜRBIS MIT OFENKÄSE

Kürbissuppe ist sicherlich ein sehr klassisches herbstliches Rezept, das bei uns auch sehr regelmäßig auf dem Tisch steht. Dieser gefüllte Ofenkürbis dagegen ist etwas Besonderes, und wenn man Käse mag, ein ebenso perfektes Herbstgericht. Und es ist ideal, um es am Abend mit der Familie und/oder Freunden zu genießen. Das Baguette lässt sich in den warmen Käse tunken und der Kürbis praktischerweise gleich mitessen.

ZUTATEN

(Für 4 Portionen)

2 kleine Hokkaido-Kürbisse
2 EL Olivenöl
grobes Meersalz
Pfeffer
2 Ofenkäse
frischer Thymian
2 EL Kürbiskerne
frische Petersilie zum Bestreuen
Kürbiskernöl zum Beträufeln
Balsamicoessig zum Beträufeln

ZUBEREITUNG

Den Backofen auf 160 °C Umluft vorheizen. Von den Hokkaido-Kürbissen die Enden so begradigen, dass die Kürbisse möglichst gerade stehen können. Den Deckel abschneiden und die Kürbisse entkernen. Die Kräuter grob hacken.

Den Kürbis innen mit Olivenöl auspinseln, salzen und pfeffern. Die Kürbisse auf ein mit Backpapier ausgelegtes Backblech legen und im Ofen etwa 12 Minuten vorgaren.

Anschließend die beiden Ofenkäse kreuzweise einschneiden und in den Kürbis legen. Alles in 15 Minuten fertig garen, dabei kurz vor Ende der Garzeit den Ofenkäse im Kürbis oben aufklappen und mit Thymian sowie etwas Meersalz würzen.

Die Kürbiskerne in der Zwischenzeit in einer Pfanne rösten.

Die Kürbishälften auf Tellern anrichten und mit Kürbiskernen sowie Petersilie bestreuen. Mit Kürbiskernöl und Balsamicoessig beträufeln.

Dazu schmecken Baguette und auf jeden Fall ein gutes Glas Rotwein.

APFEL-TIRAMISU IM GLAS

Zu einem gut gemachten Tiramisu würde ich grundsätzlich niemals Nein sagen. Ich liebe die fluffige Creme in Kombi mit Keksen. Für den Herbst habe ich mir neben der klassischen Variante mit Espresso ein fruchtiges Apfel-Tiramisu überlegt, welches sich obendrein sehr gut vorbereiten lässt. Ohne Probleme kann man das Dessert auch schon einen Tag, bevor es serviert wird, zubereiten, denn richtig durchgezogen schmeckt es fast noch besser. Im Herbst werden bei uns immer richtig viele Äpfel eingekocht. So haben wir das restliche Jahr über Apfelkompott in großen Mengen, die wir dann z. B. zum Milchreis oder zum Müsli essen. Für das Apfel-Tiramisu habe ich ebenfalls ein Glas selbst eingekochtes Apfelmus verwendet. Wenn es schneller gehen muss, kann man das natürlich servierfertig kaufen. Die Äpfel für das Mus lassen sich auch leicht ersetzen, z. B. durch eingekochte Pflaumen, Kirschen oder Birnen.

ZUTATEN

(Für 6 Gläser à 200 ml)

Für das selbst gemachte Apfelmus

1 kg säuerliche Äpfel (am besten aus Nachbars Garten)
150 ml Apfelsaft
Mark von 1 Vanilleschote
3 EL brauner Zucker
2 Zimtstangen

Für das Tiramisu

150 g Löffelbiskuits
200 g süße Sahne
[illegible]0 g Mascarpone
[illegible] Päckchen Vanillezucker
½ TL Zimtpulver
1 EL Rum
250 g Apfelmus, servierfertig gekauft oder selbst gemacht, s. o.
1 Handvoll Pekannusskerne
1 EL brauner Zucker

ZUBEREITUNG

Für das Apfelmus: die Äpfel schälen, das Kerngehäuse entfernen und die Äpfel in kleinere Stücke schneiden. Den Apfelsaft in einem Topf zum Kochen bringen und alle übrigen Zutaten für das Apfelmus hinzufügen. 30 Minuten köcheln lassen.

Anschließend die Zimtstangen entfernen und den Rest mit einem Pürierstab zu einem Mus zerkleinern. Etwa die Hälfte für das Tiramisu zur Seite stellen. Die andere Hälfte in heiß ausgespülte Gläser füllen und direkt verschließen. Die Gläser müssen unbedingt heiß sterilisiert werden, damit sich das Apfelmus gut verschlossen mehrere Monate hält. Am besten kühl und dunkel lagern.

Für das Tiramisu: die Löffelbiskuits in einen Gefrierbeutel füllen und mit dem Nudelholz zu Krümeln zerkleinern. Die Sahne mit dem Handmixer steif schlagen. Den Mascarpone mit dem Vanillezucker, dem Zimt und dem Rum glatt rühren. Anschließend die Sahne vorsichtig unterheben.

Nun werden die Zutaten abwechselnd in die Dessertgläser geschichtet: Zuerst kommt eine etwa 1 cm dicke Schicht der zerkleinerten Löffelbiskuits, anschließend Mascarpone-Sahne-Creme und zum Schluss Apfelmus. Die drei Schichten jeweils zweimal in die Gläser füllen und mit Apfelmus abschließen. Die Gläser bis zum Servieren abgedeckt in den Kühlschrank stellen.

Außerdem

Einmachglas für das Apfelmus
Dessertgläser (z. B. von Weck)
Gefrierbeutel

Die Pekannüsse grob hacken. Zusammen mit dem braunen Zucker in eine große beschichtete Pfanne geben. Die Nüsse so lange bei mittlerer Temperatur karamellisieren, bis sich der Zucker vollständig gelöst hat. Dabei darauf achten, dass dieser nicht anbrennt.

Die Karamellnüsse auf einen Teller geben und leicht auseinanderziehen. Abkühlen lassen und erst kurz vor dem Servieren auf das Tiramisu geben.

BEMALTE KÜRBISSE

Im Herbst freue ich mich immer riesig auf die zahlreichen verschiedenen weißen Kürbisse, die es dann zu kaufen gibt. Die kleinen Baby Boos mit ihrem langen gebogenen Stiel findet man bei mir seit vielen, vielen Jahren in der Herbstdeko. Sie sind alleine schon so schön, dass es nicht viel mehr braucht. Leider bekommen sie, wenn sie einige Zeit liegen, eine leicht gelbliche Farbe. Mir sind sie dann aber trotzdem meist zu schade zum Wegzuschmeißen – ganz oft greife ich zum Pinsel und male sie in gedeckten Farbtönen wieder an. Hierfür reichen Farbreste, die man häufig noch im Keller stehen hat. Kreidefarben oder Acrylfarben lassen sich gleichermaßen gut auftragen. Für eine etwas aufwendigere Deko lassen sich die angemalten Schönheiten noch mit diversen Mustern verzieren. Bei der folgenden Anleitung habe ich mich von unserer marokkanischen Keramik inspirieren lassen und die Kürbisse mithilfe von Acrylmarkern damit verziert. Viele Muster ergeben sich während des Verzierens einfach von selbst. Letztendlich lässt sich diese Herbstdeko perfekt nach dem eigenen Wohnstil gestalten. Selbstverständlich können hier auch bunte Farben verwendet und andere Formen und Muster aufgezeichnet werden.

BENÖTIGTES MATERIAL

Kreidefarben in Weiß- und Grautönen und/oder Acrylfarben zum Abtönen
wasserfeste Stifte, z. B. Acrylmarker, in Schwarz und Weiß (z. B. von Rayher)
Pinsel

SO WIRD'S GEMACHT

Zunächst die gewünschten Farben in unterschiedlichen Farbnuancen mischen. Es sieht schön aus, wenn die Kürbisse alle eine etwas andere Farbe haben. (Hier lässt sich die Hauptfarbe mit etwas weißer oder schwarzer Acrylfarbe aufhellen oder abdunkeln.) Die Kürbisse mit den Farben bemalen und warten, bis diese getrocknet sind. Die Stiele entweder mit anmalen oder so lassen, wie sie sind. Die Farbe trocknet normalerweise sehr zügig. Gegebenenfalls eine zweite Farbschicht auftragen.

Anschließend werden Muster aufgezeichnet. Diese können ganz einfach sein, wie z. B. Punkte, oder aber auch recht aufwendig und verzweigt. Je nachdem, wo die Kürbisse später dekoriert werden, ist es bestimmt schön, wenn sie verschiedene Muster haben. Am einfachsten ist es, am oberen Rand zu beginnen und sich von dort weiter zur Mitte vorzuarbeiten. Dabei kann man sich auch an den Rillen der Kürbisse orientieren.

GEFALTETE BLÄTTER AUS PAPIER

Papier ist ein wunderbares Material, das man einfach zu Hause hat und aus dem sich so viele herrliche Dinge zaubern lassen. Ich hebe häufig hübsches Packpapier, Geschenkpapier o. Ä. zum Wiederverwerten auf und lege es in einen großen Karton, so hat sich irgendwann eine super Sammlung ergeben. Für dieses DIY ist es total schön, verschiedene Papiere zu verwenden. Wenn diese dann auch noch eine unterschiedliche Haptik haben, ergibt sich am Ende ein tolles herbstliches Gesamtbild. Je nachdem, welche Papierfarben man auswählt, kann man natürlich andere Stimmungen und Jahreszeiten erzeugen. Die Blätter lassen sich in verschiedenen Größen und Formen falten und das Ergebnis ist recht schnell fertig. Dieses Projekt ist das perfekte DIY für einen herbstlich-stürmischen Nachmittag, an dem man bei einem heißen Kakao am Küchentisch sitzt und ein wenig vom stressigen Alltag abschalten möchte. Man kann es auch super mit Kindern machen und hat am Ende einen ganzen Strauß voller Blätter.

BENÖTIGTES MATERIAL

Für die Blätter in der Vase
Papier in verschiedenen Farben
Schere
Klebestift/Klebstoff
Holzspieße

Für den Blätterkranz
Papier in verschiedenen Farben
Schere
Klebestift/Klebstoff
Heißklebepistole (z. B. von Rayher)
Drahtrohling-Kranz
Band zum Aufhängen

SO WIRD'S GEMACHT

Blätter in der Vase
Zum Falten der Blätter ein gleichschenkliges Papierdreieck zuschneiden und dieses wie eine Ziehharmonika falten. Bei dem Dreieck sollte die längste Seite mindestens 15 cm lang sein, damit das gefaltete Blatt später auch eine schöne Größe hat. Hier kann man super variieren, indem man größere und kleinere Dreiecke zuschneidet. Je feiner man die Papierdreiecke zu einer Ziehharmonika faltet, umso filigraner wirken später die Blätter.

Das gefaltete Dreieck ist nach dem vorangegangenen Schritt ein schmaler Streifen, der nun in der Mitte gefaltet und zusammengeklebt wird. Dabei liegt die Seite mit der Spitze des Dreiecks außen. Die lange Seite des Dreiecks wird zusammengefaltet und mit einem Klebestift zusammengeklebt. Das Blatt lässt sich nun so wie es ist weiterverarbeiten, oder man fertigt noch mal genau zwei weitere, identische Blätter an und klebt diese an den schmalen Seiten aneinander, sodass man ein Blatt erhält, welches sehr stark an ein Ahornblatt erinnert.

→

Um das fertig gefaltete Blatt nun noch an einem Stiel zu befestigen, wird ein langer Papierstreifen (ca. 15 x 25 cm) ganz eng um einen Holzspieß gewickelt und verklebt. Dabei soll das eingerollte Papier den Holzspieß überragen. Die Papierrolle an der oberen Kante einschneiden, mit Klebstoff bestreichen und an der unteren Kante des Blattes befestigen.

Auf diese Weise noch weitere Blätter herstellen und einen großen Strauß in eine Vase stellen. Fertig ist die perfekte Tischdeko für das nächste Herbstfest.

Blätterkranz
Für einen Blätterkranz werden Blätter aus verschiedenen Papieren nach der oben beschriebenen Anleitung gefaltet. Je nachdem, wie groß der Kranzrohling ist, sollte auch die Größe der Blätter sein.

Diese anschließend mit einer Heißklebepistole auf den Kranzrohling kleben. Am schönsten sieht es aus, wenn man die verschiedenen Papiersorten durcheinander aufklebt.

Ein Band am Kranz befestigen und aufhängen.

TIPP

Der Kranz sieht in einer größeren Variante perfekt als Türkranz aus.

Der Herbst gehört zu meinen liebsten Jahreszeiten. Schon das raschelnde Laub bei einem sonnigen Spaziergang sollte mit einem Schokoapfel gefeiert werden. So wird dieser Moment gleich noch viel schöner.

hej

LUCIAFEST

LUSSEKATTER

In Schweden feiert man am 13. Dezember das Luciafest, welches ein wichtiger Feiertag ist. Das Lichterfest im dunklen Winter zu Ehren der heiligen Lucia ist ein Höhepunkt in der schwedischen Weihnachtszeit. Ganz klassisch trägt ein junges Mädchen in weißem Gewand einen Kranz mit Kerzen auf dem Kopf, um den Menschen in der dunklen Jahreszeit das Licht zurückzubringen. Kerzenlicht spielt daher eine entscheidende Rolle an diesem Tag. Zum Frühstück reicht man traditionell Lussekatter, sehr leckere Hefegebäckteile, die durch Safran die schöne gelbe Farbe erhalten. Sie sind in Schweden mindestens so berühmt wie Zimtschnecken und werden mit Kaffee oder Glögg genossen. Das Luciafest ist übrigens auch in Dänemark und Norwegen sehr verbreitet. Lussekatter gehen bei uns immer schnell weg. Sie schmecken auch perfekt am Weihnachtsmorgen. Dafür kann man sie am Vorabend vorbereiten, fertig backen und am Weihnachtsmorgen dann bei 70 °C im Backofen erwärmen.

ZUTATEN

(Für 16 Stück)

500 g Mehl plus etwas mehr zum Arbeiten
1 Würfel Hefe
200 ml Milch
80 g weiche Butter
0,4 g gemahlener Safran (2 Döschen)
100 g Zucker
1 Prise Salz
2 Eier
1 TL Orangenabrieb (von unbehandelter Orange)
1 Handvoll Rosinen
2 TL Zimt-Zucker-Mischung

ZUBEREITUNG

Das Mehl in eine große Schüssel geben und in der Mitte eine Mulde formen. Den Hefewürfel in die Mulde bröseln. 180 ml Milch erwärmen und die Butter darin schmelzen. Die Hälfte dieser Mischung in die Mehlmulde gießen und etwa 5 Minuten ruhen lassen. Den Safran in die restliche Milchmischung einrühren.

Dann den Zucker, 1 Prise Salz, 1 Ei, den Orangenabrieb und die Milch-Safran-Mischung in die Schüssel mit dem Mehl geben. Erst mit den Knethaken des Handmixers, danach mit den Händen zu einem glatten Teig kneten. Falls der Teig etwas klebrig ist, die Hände mit etwas Mehl bestäuben und noch mal kneten. Den Teig zu einer Kugel formen und die Schüssel mit einem sauberen Tuch abdecken. Den Teig an einem warmen Ort 1 Stunde gehen lassen, bis er sich verdoppelt hat.

Anschließend den Teig aus der Schüssel nehmen und auf einer bemehlten Fläche erneut durchkneten. Den Teig halbieren und zu zwei gleichmäßig großen Rollen formen. Diese jeweils in acht Stücke teilen. Jedes Stück zu einer etwa 20 cm langen dünnen Rolle formen und von jedem Ende zur Mitte hin aufrollen, und zwar jeweils zu einer anderen Seite, sodass der Teig wie ein „S" aussieht. In die Mitte jeder „Schnecke" eine Rosine drücken.

TIPP
Man kann Lussekatter für den nächsten Tag auch prima in einem Gefrierbeutel aufbewahren, dann einfach auf den Toaster legen und noch mal aufbacken. So schmecken sie wieder super frisch.

Ein Backblech mit Backpapier auslegen. Die Teiglinge darauf verteilen, abdecken und an einem warmen Ort noch mal 30 Minuten gehen lassen.

In der Zwischenzeit den Backofen auf 200 °C vorheizen.

Das übrige Ei trennen. Das Eigelb mit 1 EL Wasser verquirlen und die Teiglinge damit bestreichen. Mit der Zimt-Zucker-Mischung bestreuen und die Lussekatter im Ofen etwa 10 Minuten backen, bis sie goldbraun sind.

Anschließend abkühlen lassen.

DIP-DYE-KERZEN

Selbst gefärbte Kerzen sind perfekt, um Wachsreste zu verarbeiten. Man kann die Kerzen passend zu den eigenen Vorlieben und der Einrichtung färben und bekommt ganz tolle Unikate. Dip-Dye-Kerzen sind dabei gerade der absolute Trend. Ich mag sie super gerne in dezenten Farben und war sehr überrascht, wie schnell sie gemacht sind. Alles, was dafür benötigt wird, hat man vermutlich zu Hause und kann gleich loslegen. Dieses Projekt ist ein DIY, das beruhigend ist. Und kaum tagsüber gemacht, kann man sich schon gleich am Abend darüber freuen und die ersten Kerzen anzünden. Da Kerzen so wichtig sind für das schwedische Luciafest, ist es ein hübsches DIY, welches man speziell zu diesem Anlass zaubern kann. Es ist aber auch eine tolle Idee, die man einfach so mit Freundinnen umsetzen kann, um sich gemeinsam einen schönen Nachmittag zu machen.

BENÖTIGTES MATERIAL

Kerzenwachsreste (oder Wachspastillen)
Reibe
3–4 saubere Marmeladegläser
Wachsmalstifte in verschiedenen Farben
Küchenreibe
kleine Gabel
Holzstäbchen
Stabkerzen in Weiß

SO WIRD'S GEMACHT

Den Backofen auf 120 °C vorheizen. Die Wachsreste mit einer Reibe zerkleinern und gleichmäßig auf die leeren Gläser verteilen. Auf ein Blech oder einen Gitterrost stellen und im Backofen etwa 25 Minuten schmelzen bzw. so lange, bis das Wachs vollständig geschmolzen ist. In der Zwischenzeit die Farben der Wachsmalstifte auswählen und mit der Reibe jeweils ein kleines Stück klein reiben.

Die heißen Gläser mit dem geschmolzenen Wachs vorsichtig aus dem Backofen nehmen und auf ein Brett stellen. Sollten sich noch Dochte in dem Wachs befinden, diese nun ganz einfach mit einer kleinen Gabel aus dem Glas nehmen. Mithilfe eines Holzstäbchens jeweils ein paar Flocken von den Wachsmalstiften in das flüssige Wachs geben und so lange rühren, bis diese sich vollständig aufgelöst haben.

Nun muss relativ zügig gearbeitet werden, da das Wachs recht schnell wieder abkühlt und fester wird. Die weißen Stabkerzen kurz in die Gläser dippen, sodass etwas von dem farbigen Wachs an den Kerzen hängen bleibt. Beim ersten Mal möglichst tief in das Glas halten. Beim zweiten und dritten Mal nicht ganz so tief in das gleiche Wachsglas eintunken. So ergibt sich der für Dip-Dye-Kerzen typische Verlauf. Man kann an dieser Stelle auch verschiedene Farben kombinieren, wenn man die Kerzen ein bisschen bunter haben möchte.

Die fertigen Kerzen kurz trocknen lassen. Anschließend sind sie direkt bereit, um benutzt zu werden.

GEFALTETER STERN

Kleine DIYs aus Papier machen mir in der dunklen Jahreszeit am allermeisten Spaß. Man braucht nicht viele Materialien und kann schnell loslegen. Sterne sind sowieso ein absoluter Klassiker und können zur Dekoration für das Lucia- und Weihnachtsfest verwendet werden. Wenn man noch einen Faden durch die Sterne zieht, hat man ganz bezaubernde und filigrane Anhänger, die ein echter Hingucker sind. Je nachdem, wie man das Papier am Ende zuschneidet, ergibt sich hier immer wieder eine andere Form, sodass jeder Stern ein Unikat ist. Zum Luciafest passen die Sterne wunderbar als Tischdeko. Man faltet sie einfach aus verschiedenen hellen Papiersorten. Verteilt werden sie dann entweder als Streudeko quer über dem Tisch, oder aber man legt jedem Gast am Tisch einen Stern auf den Teller, so haben sie alle ein kleines Andenken an ein schönes Fest.

BENÖTIGTES MATERIAL

Papier in Weiß (oder alte Buchseiten)
Lineal
Bleistift
Schere
optional: Falzbein
Klebestift/Klebstoff

SO WIRD'S GEMACHT

Aus dem Papier neun Quadrate in der Größe 9,5 x 9,5 cm zuschneiden. Zwei gegenüberliegende Seiten jeweils um ca. 0,5 cm zur Mitte hin falten. Anschließend die Quadrate in der Mitte falten.

Die so entstandenen Papierstreifen noch mal falten, und zwar von der unteren schmalen Kante zur oberen schmalen Kante. So ergeben sich viele kleine Quadrate, die auf der Innenseite die eingeklappten Seiten haben. Die gefalteten Kanten gegebenenfalls mit dem Falzbein nochmals nachfalten.

Die letzte Falz noch mal aufklappen. In der Mitte auf dem aufgezeichneten Streifen etwas Klebstoff aufstreichen und wieder zusammenfalten. So mit allen Quadraten verfahren.

Die Quadrate an der offenen Seite zu einem Dreieck spitz zuschneiden. Dabei darauf achten, dass am unteren Rand eine kleine Kante stehen bleibt, die nicht beschnitten wird.

Nun werden die Dreiecke aneinandergeklebt. Dafür jeweils in der Mitte von jedem Dreieck etwas Kleber auftragen und die Dreiecke an dieser Stelle aufeinanderkleben. Acht bis neun Dreiecke sind ausreichend für einen Stern. Zum Schluss werden noch die beiden offenen Seiten zusammengeklebt.

Je nachdem, wie die gefalteten Quadrate beschnitten werden, sieht der gefaltete Stern am Ende immer anders aus.

STREICHHOLZSCHACHTELN

Streichholzschachteln habe ich zu Hause immer mehrere in Benutzung. Sie sind nicht nur praktisch, sondern auch ein wunderbares Deko-Objekt für das eigene Zuhause oder zum Verschenken. Man kann die Schachteln prima verzieren, das schaffen Kinder schon ganz toll. Materialien kann man dafür alle möglichen verwenden, Geschenkpapierreste, Bänder, Knöpfe, Stempel – der Kreativität sind hier keine Grenzen gesetzt. Die Schachteln lassen sich außerdem sehr schön mit bemaltem Papier bekleben. Wichtig ist nur, dass man darauf achtet, den Seitenstreifen zum Anzünden der Hölzer nicht zu bekleben. Streichholzschachteln gibt es übrigens in vielen verschiedenen Größen, auch richtig große zum Anzünden von Kaminfeuer. Zum Lichterfest in Schweden sind diese hübschen Schachteln auf jeden Fall sehr passend. Zu Weihnachten sind sie zudem ein super Geschenk für „gute Geister".

BENÖTIGTES MATERIAL

Streichholzschachteln in verschiedenen Größen
Papier zum Bekleben, z. B. Geschenkpapier, alte Buchseiten o. Ä.
Bleistift
Schere
Klebestift
Satinbänder
Heißklebepistole
optional: Vorlagen auf den Seiten 124–125
optional: Bänder und Kordeln
optional: grüne Zweige

SO WIRD'S GEMACHT

Das Material bereitlegen. Jeweils den Innenteil der Streichholzschachtel herausnehmen und vorerst zur Seite legen. Ein Papier anhand einer Streichholzschachtel abmessen. Dafür das Papier um die Schachtel legen, mit einem Bleistift markieren, wo das Papier beschnitten werden muss. Den Seitenstreifen zum Anzünden dabei aussparen. Das Papier passend zuschneiden.

Anschließend mit dem Klebestift bestreichen und Seite um Seite der Schachtel bekleben. Das Papier gut festdrücken und darauf achten, dass sich keine Luftblasen zwischen Papier und Schachtel befinden.

An der Innenseite des Innenteils der Streichholzschachtel eine Schlaufe befestigen, damit die Schachtel leichter auseinandergezogen werden kann. Dafür eine kleine Schlaufe aus Satinband zuschneiden und mit einer Heißklebepistole auf der Innenseite festkleben.

Wenn diese Vorarbeiten abgeschlossen sind, lässt sich die Außenseite der Schachtel weiter verzieren, z. B. mit den Vorlagen. Diese in passender Größe kopieren, zuschneiden und aufkleben. Es lässt sich auch ein Bild als „Überraschung" auf die Innenseite der Schachtel kleben. So hat man eine kleine Überraschung, wenn sich die Streichhölzer leeren.

Zusätzlich lassen sich die Schachteln noch mit hübschen Bändern, Kordeln oder grünen Zweigen verzieren.

DUFTENDE ANZÜNDER

Diese Anzünder für den Kamin oder ein Lagerfeuer im Garten duften einfach himmlisch. Schon die Herstellung riecht so verführerisch, dass man am liebsten gleich ein Feuer machen möchte. Um den Kamin anzuzünden, wird dann einfach eine der kleinen Kerzen angesteckt und in den vorbereiteten Ofen gelegt. Das Projekt ist perfekt, um Wachsreste zu verarbeiten. Welche Kräuter, Äste und Zapfen man in die Kerzen eingießt, kann natürlich variiert werden, je nachdem, was man im Garten, Wald oder in der Gewürzschublade so findet. Die Anzünder sind wirklich schnell gemacht und auch eine super Geschenkidee, wenn man sie z. B. in einem großen Glas verpackt.

BENÖTIGTES MATERIAL

Kerzenwachsreste (oder Wachspastillen)
großes Messer
Wasserbad mit Gefäß zum Schmelzen von Wachs
Muffinblech und -förmchen
Zimtstangen
Zapfen
Rosmarinzweige
Sternanis
Eukalyptusblätter
Kerzendochte (können ebenfalls Reste sein)

SO WIRD'S GEMACHT

Wachsreste mit einem großen Messer grob zerkleinern und im Wasserbad langsam schmelzen. In der Zwischenzeit ein Muffinblech mit Muffinförmchen befüllen. Gewürze und Kräuter gegebenenfalls etwas zerkleinern, sodass sie von der Größe her gut in die Muffinförmchen passen.

Das flüssige Wachs vorsichtig in die Muffinförmchen füllen. Es reicht, diese halb voll zu machen. Dann zügig Gewürze und Kräuter hineinstecken. Diese dürfen ruhig an der oberen Seite hinausragen. Ein kleines Stück Docht in die Mitte der Anzünder stecken. Am besten füllt man immer drei bis vier Förmchen und macht diese erst fertig, da das Kerzenwachs relativ schnell wieder fest wird.

Die Anzünder vollständig erkalten lassen. Dafür kann das Muffinblech auch in den Kühlschrank gestellt werden. Wenn die Kerzen kalt sind, lassen sich die Muffinförmchen einfach abziehen. Durch diese erhalten die Anzünder den schönen geriffelten Rand. Natürlich können die Kerzen auch mit den Muffinförmchen als Anzünder verwendet werden.

Das Luciafest ist eine wunderschöne schwedische Tradition, um Licht in die dunkle Jahreszeit zu bringen. Ein schöner gemütlicher Gedanke, der die grauen Tage auf jeden Fall etwas heller machen kann.

hej

WEIHNACHTLICHE STUNDEN MIT DEN LIEBSTEN

BAISERKÜSSCHEN MIT NUGATFÜLLUNG

Bei uns finden in der Adventszeit regelmäßig kleine Treffen mit Familie und Freunden statt, bei denen wir einfach ganz gemütlich an unserem großen Tisch sitzen und es uns gut gehen lassen. In der Regel steht dann ein sehr gut gefüllter Keksteller auf dem Tisch, neben all den anderen Leckereien, die du in diesem Kapitel findest. Dazu trinken wir Tee oder auch mal Glühwein und Punsch und stimmen uns auf die Weihnachtszeit ein. Ich liebe diese hyggeligen Stunden in der Hektik des Alltags. Es sind diese kleinen Inseln, die nach Zimt und Schokolade duften. Die fluffigen Baiserküsschen schmecken nicht nur besonders lecker, sie sehen außerdem wunderschön aus. In einem großen Glas lassen sie sich nett verpacken und verschenken. Zugegeben ist der Aufwand, sie zu backen, recht hoch, am Ende lohnt es sich aber auf jeden Fall.

ZUTATEN

(Für ca. 70 Stück)

Für den Mürbeteig

250 g Mehl plus etwas mehr zum Arbeiten
125 g Butter
100 g Zucker
1 Päckchen Vanillezucker
3 Eigelb
1 Prise Salz

Für die Baisermasse

3 Eiweiß (ca. 90 g)
1 Prise Salz
200 g feiner Zucker
1 Messerspitze Speisestärke

ZUBEREITUNG

Für den Mürbeteig aus Mehl, Butter, Zucker, Vanillezucker, Eigelb und dem Salz einen Mürbeteig kneten. Diesen in Frischhaltefolie gewickelt für etwa 30 Minuten in den Kühlschrank legen.

Für die Baisermasse das Eiweiß mit dem Salz steif schlagen. Den Zucker nach und nach einreisen lassen, die Speisestärke hinzufügen und so lange weiterschlagen, bis die Baisermasse schön glänzt.

Den Mürbeteig auf einer bemehlten Fläche ausrollen und Kreise mit 3 cm Durchmesser ausstechen. Das funktioniert z. B. super mit der hinteren Seite einer großen Spritztülle, oder man verwendet einfach ein kleines Glas. Die runden Teiglinge auf zwei mit Backpapier ausgelegte Bleche legen und im Backofen bei 160 °C etwa 12 Minuten backen. Dabei darauf achten, dass die Kekse nicht zu dunkel werden.

Die Baisermasse in einen Spritzbeutel mit Lochtülle füllen und damit Tupfen auf ein mit Backpapier ausgelegtes Blech spritzen. Die Tupfen sollten ebenfalls etwa 3 cm Durchmesser haben. Entweder spritzt man sie mit Augenmaß auf das Backpapier oder man zeichnet sich mit dem zuvor verwendeten Ausstecher Kreise auf das Backpapier und dreht dieses dann um, bevor man die Tupfen aufspritzt.

Für die Füllung

1 Päckchen Nuss-Nugat Masse

Außerdem

Spritzbeutel

Tülle

Die Baisertupfen im Backofen bei 90 °C 1,5 Stunden trocknen lassen. Anschließend herausnehmen, beiseitestellen und abkühlen lassen. Durch die lange Backzeit bei niedriger Temperatur bleibt das Baiser schön weiß.

Für die Füllung die Nuss-Nougat-Masse im Wasserbad schmelzen. Mit einem Löffel jeweils einen kleinen Tupfen der Masse auf einen Keks geben. Dann einen Baisertupfen daraufsetzen. Zuletzt die Kekse erkalten lassen, bis die Nougatmasse wieder schön fest ist.

SCHOKOLADEN-CUPCAKES MIT BIRNENBUTTERCREME

Schokoladenmuffins gehen ja bekanntlich zu jeder Zeit, egal, welche Jahreszeit und welches Ereignis gerade gefeiert wird, Schokolade passt immer. Die fluffige Buttercreme, die eine sehr leichte Konsistenz hat, schmeckt einfach himmlisch. Der Pudding, der mit Birnensaft aufgekocht wird, ist solo schon so köstlich, dass man aufpassen muss, dass überhaupt noch etwas davon in der Buttercreme landet. Buttercreme erinnert mich immer an meine Oma. Wie oft habe ich in der Küche meiner Großeltern gestanden und fasziniert dabei zugeschaut, wie aus dem Klumpen Butter eine helle cremige Masse wurde, die am Ende so lecker war, dass ich jedes Mal gehofft hatte, meine Oma würde etwas mehr Creme als nötig an den Rührern lassen, damit ich diese Reste noch vernaschen konnte. Meine Oma hat die Buttercreme für ihren berühmten Frankfurter Kranz hergestellt. Ein klassischer Weihnachtskuchen in unserer Familie. Ich habe die Creme für dieses Rezept abgewandelt und das Ergebnis ist köstlich! Ich bin mir sicher, dass man den Birnensaft auch durch Weißwein ersetzen könnte, wenn man gerne eine beschwipste Buttercreme auf die Schokocupcakes spritzen möchte.

ZUTATEN

(Für 12 Stück)

Für die Buttercreme

½ Packung Vanillepuddingpulver
250 ml Birnensaft
1 Päckchen Vanillezucker
150 g weiche Butter
40 g Puderzucker

Für den Teig

150 g Zartbitterkuvertüre
150 g Butter
90 g feiner Zucker
3 Eier
100 g Mehl
1 ½ TL Backpulver
30 g Backkakao
1 Prise Salz
50 ml Birnensaft

ZUBEREITUNG

Für die Buttercreme den Pudding nach Packungsanleitung mit dem Birnensaft kochen. Dafür den Birnensaft in einen Topf geben. 2 bis 3 EL von dem Saft mit dem Puddingpulver und dem Vanillezucker glatt rühren. Den Saft aufkochen und den angerührten Pudding unter Rühren in den Topf gießen. Kurz aufkochen lassen und weiterrühren. Wenn der Pudding angedickt ist, vom Herd ziehen und erkalten lassen. Dabei immer wieder fest umrühren, damit sich keine Klümpchen bilden.

Den Backofen auf 180 °C Umluft vorheizen. Das Muffinblech mit zwölf Förmchen auslegen.

Für den Teig die Zartbitterkuvertüre hacken. Die Hälfte davon mit der Butter im Wasserbad schmelzen. Danach kurz abkühlen lassen und zusammen mit dem Zucker mit einem Handrührer cremig aufschlagen. Die Eier nacheinander untermixen. Das Mehl mit dem Backpulver und dem Kakao mischen und zu der Kuvertüre-Butter-Zucker-Ei-Masse sieben. Alles zusammen mit dem Salz und dem Birnensaft kurz zu einem Teig verrühren.

Außerdem

Muffinblech und 12 Muffinförmchen
Spritzbeutel
Tülle

Den Teig gleichmäßig auf die zwölf Muffinförmchen verteilen. Die Muffins im Ofen auf mittlerer Schiene etwa 15 bis 20 Minuten backen. Stäbchenprobe machen: Wenn kein Teig mehr an einem in die Muffins gesteckten Holzstäbchen kleben bleibt, sind sie durchgebacken. Die fertig gebackenen Muffins aus dem Blech nehmen und auf einem Kuchengitter abkühlen lassen.

In der Zwischenzeit die Butter zu einer sehr hellen Masse cremig aufschlagen. Den Puderzucker in die Butter sieben und verrühren. Den Pudding nach und nach in die Buttermasse mixen. Hier ist es wichtig, darauf zu achten, dass die Butter und der Pudding die gleiche Temperatur haben, da die Butter sonst gerinnen kann.

Die fertige Buttercreme in einen Spritzbeutel mit Tülle füllen und auf die abgekühlten Cupcakes spritzen.

CREMIGE WINTERPASTA

Pasta lieben wir einfach alle in unserer Familie. Sie lässt sich so herrlich je nach Jahreszeit kochen, dass sie einfach ein Allrounder ist. Winterliche Pasta mag ich besonders, denn hier kann man mit karamellisierten Nüssen, Maronen oder cremigen Käsesorten ganz himmlisch wärmendes Soulfood zaubern. Soulfood, das man braucht man in der dunklen Jahreszeit. Egal, ob man es alleine oder mit vielen genießt. Das folgende Rezept lässt sich wunderbar auch für die große Runde kochen. Einiges lässt sich bereits vorbereiten, und dann ist die eigentliche Arbeit schnell erledigt. Was bei uns bei Pastagerichten niemals fehlen darf, ist ein ordentliches Stück Parmesan sowie ein gutes Glas Wein. Der Parmesan (hier lohnt es sich meiner Meinung nach, ein paar Euro mehr auszugeben) schmilzt auf der heißen Pasta und verbindet sich so ganz herrlich mit der Sauce.

ZUTATEN

(Für 4 Portionen)

200 g Walnusskerne
3 EL brauner Zucker
500 g Tortiglioni (oder Rigatoni)
1 rote Zwiebel
2 Knoblauchzehen
700 g Wirsing (1 mittelgroßer Wirsing)
2 EL Olivenöl
200 g Kochsahne
250 g Mascarpone
300 ml Nudelwasser
Salz
Pfeffer
gemahlene Muskatnuss
geriebener Parmesan zum Servieren

ZUBEREITUNG

Die Walnüsse grob hacken und zusammen mit dem braunen Zucker in eine große Pfanne geben. Bei mittlerer Temperatur rösten, bis der Zucker schmilzt. Gelegentlich umrühren. Sobald der Zucker komplett geschmolzen ist, die Walnüsse auf ein Backpapier geben, direkt mit zwei Gabeln auseinanderziehen und abkühlen lassen. Die erkalteten Nüsse in einer Schüssel beiseitestellen.

Die Zwiebel und die Knoblauchzehen abziehen und fein hacken. Die äußeren Blätter vom Wirsing sowie den Strunk entfernen. Den Wirsing in feine Streifen schneiden. Das Olivenöl in einer großen Pfanne erhitzen und Zwiebeln sowie Knoblauch darin anschwitzen. Anschließend den Wirsing dazugeben und etwa 10 Minuten dünsten.

In der Zwischenzeit Wasser für die Pasta aufkochen und die Tortiglioni darin nach Packungsangabe kochen.

Die Wirsingmasse mit etwas Nudelwasser und der Kochsahne ablöschen. Den Mascarpone einrühren. Die Sauce aufkochen und mit Salz, Pfeffer und Muskat würzen.

Wenn die Nudeln al dente sind, abgießen und zu der Sauce in die Pfanne geben. Alles vermengen. Auf Tellern zusammen mit den karamellisierten Walnüssen und ordentlich Parmesan servieren.

LAST-MINUTE-GESCHENK IM GLAS: BROWNIES

Ich liebe es, in der Adventszeit Kleinigkeiten zu verschenken und Menschen, die mir wichtig sind, eine Freude zu machen. Ganz besonders mag ich es, ein mit vorbereiteten Zutaten prall gefülltes Glas zu verschenken, aus dem man ganz schnell etwas Leckeres zaubern kann. Rezepte dafür gibt es viele. Wenn man ein großes Glas hat, passt dieses Rezept hier perfekt ... damit sich der Beschenkte dann damit die allerbesten und saftigsten New York City Brownies backen kann. Innen sind sie schön schokoladig saftig und noch ein wenig „klatschig", so sind sie genau richtig.

ZUTATEN UND BENÖTIGTES MATERIAL

(Für 1 Brownie-Backform oder 1 rechteckige Backform 26 x 26 cm)

Für den Teig im Glas

1. Schicht: 150 g Mehl
2. Schicht: 30 g ungesüßtes Kakaopulver
3. Schicht: 30 g gemahlene Mandeln
4. Schicht: 20 g brauner Zucker
5. Schicht: 30 g gemahlene Mandeln
6. Schicht: 50 g Speisestärke
7. Schicht: 2 EL Vanillezucker
8. Schicht: 1 Prise Salz
9. Schicht: 50 g Zartbitter-schokolade

Zum Backen

120 ml Sonnenblumenöl
1 Ei
Butter und Mehl für die Form
optional: Fleur de Sel

ZUBEREITUNG

Für den Teig die Zutaten in der oben angegebenen Reihenfolge in das Glas schichten. Das funktioniert super mit einem Trichter. Dann das Glas mit einem Deckel verschließen.

BACKREZEPT

(ab hier beginnt das Backrezept zum Anhängen an das Glas, siehe Bastelanleitung rechts).

Zum Backen den Backofen auf 175 °C vorheizen.

Die Zutaten aus dem Glas in eine große Schüssel geben. 120 ml Sonnenblumenöl und das Ei hinzufügen.

Mit einem Teigschaber so lange verrühren, bis sich alle Zutaten miteinander verbunden haben.

Eine Backform mit Butter fetten und mit etwas Mehl bestäuben. Den Teig in die Backform füllen. Wer mag, kann noch ein wenig Fleur de Sel darauf streuen.

Den Teig im Backofen etwa 12 bis 15 Minuten backen, die Brownies sollen am Ende nicht knusprig, sondern schön saftig sein.

Außerdem

1 sauberes 500-ml-Schraubglas mit Deckel
optional: Trichter
Band o. Ä.
optional: schönes Papier oder Stoff

SO WIRD'S GEMACHT

Einen Zettel mit dem kleinen Backrezept kopieren und an das Glas hängen. Der Deckel kann noch mit schönem Papier oder Stoff abgebunden werden. Fertig ist das Last-minute-Geschenk.

TIPP

Es lassen sich so viele tolle Rezepte in Gläsern verschenken. Besonders schön sieht das Glas natürlich aus, wenn es viele Schichten umfasst.

APFEL-BIRNEN-PUNSCH

Es war ein Tag im Dezember und ich wollte mit meinen beiden Weihnachtswichteln unseren frisch geschlagenen Tannenbaum schmücken, den mein Mann uns noch am Abend zuvor ins Haus geholt hatte. Meine Kinder waren Feuer und Flamme und konnten es gar nicht erwarten, all die schönen Anhänger an unseren Baum zu dekorieren. Dazu gab es nicht nur ganz viele Weihnachtskinderlieder, die ich schon in meiner Kindheit gehört habe, sondern auch sehr köstlichen Punsch, den ich für die Kinder natürlich extra ohne Alkohol zubereitet habe. Meine zwei haben sich richtig gefreut, und danach haben wir im Dezember noch häufiger dieses leckere Getränk genossen, das wirklich schnell fertig ist. Uns erinnert der Kinderpunsch jetzt auf jeden Fall immer wieder an das Schmücken unseres Weihnachtsbaums und ich kann mir gut vorstellen, dass dies nun eine neue Tradition in unserer Familie sein wird.

ZUTATEN

(Für 4 Portionen)

1 reife Birne
500 ml Apfelsaft
500 ml Birnensaft
3 EL Zitronensaft
2 EL Ahornsirup
2 Zimtstangen
2 Sternanis
4 Gewürznelken
1 Zweig Rosmarin
3 EL brauner Zucker
optional: 100 ml Birnenschnaps

ZUBEREITUNG

Die Birne schälen, entkernen und in Spalten schneiden.

Den Apfelsaft mit dem Birnensaft, Zitronensaft, dem Ahornsirup, dem Zucker und den Gewürzen in einen großen Topf geben. Den Rosmarinzweig und die Birnenspalten hinzufügen und alles zusammen aufkochen lassen. Etwa 30 Minuten köcheln lassen und anschließend bei niedriger Temperatur noch mal 30 Minuten ziehen lassen.

Dann den Punsch durch ein Sieb abgießen, optional den Birnenschnaps hinzufügen, und in Gläser füllen.

SKANDINAVISCHER ADVENTSKRANZ

Kurz vorm ersten Advent binden wir uns unseren Adventskranz meistens selbst. Ich habe schon oft die Erfahrung gemacht, dass so ein Kranz viel länger hält und frisch aussieht. Am allerliebsten mag ich es, wenn er ganz schlicht ist, ohne viel Dekoration, dann kommen die verschiedenen grünen Zweige besonders gut zur Geltung und werden nicht überladen. Die Zahlen aus Lebkuchen für dieses Projekt lassen sich einfach beim Plätzchenbacken herstellen. Es muss natürlich nicht unbedingt Lebkuchen sein. Die Zahlen lassen sich aus jedem anderen Teig zum Ausstechen anfertigen. Wenn man nicht die passenden Keksausstecher zur Hand hat, kann man hier stattdessen ganz leicht von jeder Zahl eine passende Schablone anfertigen und dann mit einem scharfen Messer ausschneiden. Es besteht mit Kindern im Haus auf jeden Fall die Gefahr, dass die Anhänger nicht bis zum 4. Advent überleben.

BENÖTIGTES MATERIAL

gemischte grüne Zweige
Schere
Strohrohling-Kranz mit 25 cm Durchmesser (z. B. von Rayher)
Blumendraht
Lebkuchenanhänger-Zahlen 1 bis 4
Bäckergarn
Rustik-Kerzen in Weiß
Drahtstäbe zur Befestigung der Kerzen auf dem Kranz
dunkle Tortenplatte (z. B. von Sweet Pottery)

Außerdem für das Royal Icing
250 g Puderzucker
1 Eiweiß
Spritztülle

SO WIRD'S GEMACHT

Von den großen Zweigen die kleineren Äste abschneiden. Anschließend die ersten kleinen Zweige rund um den Strohrohling legen und fest mit dem Blumendraht umwickeln. Beim Binden darauf achten, dass die Zweige rund um den Strohkranz gelegt werden. Der untere Teil muss natürlich nicht mit Zweigen bedeckt sein, an den Rändern sollte der Strohkranz nicht mehr zu sehen sein. Die neuen Zweige werden immer über die Enden der bereits Festgebundenen gelegt und befestigt.

Den Kranz so weiterbinden, bis man zum Ende kommt. Dann werden die letzten Zweige vorsichtig unter die zuerst festgebundenen Zweige geschoben und vorsichtig mit dem Draht umwickelt. Den Draht abschneiden und an der unteren Kranzseite befestigen.

Anschließend die Lebkuchenzahlen mit Royal Icing verzieren. Dafür den Puderzucker sieben und mit dem Eiweiß aufschlagen, bis eine cremige, recht feste Masse entsteht. Das Icing in eine Spritztülle füllen. Die Zahlen damit mit unterschiedlichen Mustern verzieren und dann das Icing gut trocknen lassen.

Bäckergarn passend zu dem Durchmesser der Kerzen zuschneiden. Wenn man die Drahtenden kurz an einer Kerze erwärmt, lassen diese sich ganz leicht in den Kerzenboden schieben. Den Draht etwas kürzen und die Kerzen dann in gleichmäßigen Abständen auf dem Kranz befestigen. Die Lebkuchenanhänger an die Kerzen binden.

HÄUSERGIRLANDE

Diese Häusergirlande mag ich ganz besonders. Sie ist ein tolles DIY, um Kartonreste zu verwerten, und farblich passt sie perfekt in unser Zuhause. Die Kombination von Weiß und Beige sowie Karton und Stift sind ideal. Es lassen sich natürlich nicht nur diese Häuser anfertigen, sondern jedes beliebige Motiv kann so aufgezeichnet und ausgeschnitten werden. Wunderbar finde ich sie außerdem als Weihnachtsbaum- oder Geschenkanhänger, wenn man die Löcher an der oberen Kante ausstanzt. Kinder können so ihre Lieblingsmotive aufzeichnen und eine Weihnachtsgirlande herstellen, zum Selbstbehalten oder Verschenken. An einem weihnachtlichen Fenster machen sich die Girlanden besonders gut, wenn man sie von beiden Seiten bemalt. Die Form von Lebkuchenmännchen ist hier bestimmt auch eine super Idee. Wenn man keine geeigneten Vorlagen hat, kann man einfach vorhandene Keksausstecher zu Hilfe nehmen und davon die Umrisse abzeichnen.

BENÖTIGTES MATERIAL

braune Kartonreste,
z. B. alte Versandkartons
Edding in Weiß
optional: Bleistift
Schere
Locher
Bäckergarn

SO WIRD'S GEMACHT

Mit einem weißen Edding Häuser auf den braunen Karton zeichnen. Man kann diese auch mit Bleistift vorzeichnen. Die Häuser mit dem weißen Edding mit Fenstern, Türen, Dächern und kleineren Details bemalen. Am Ende sieht es besonders schön aus, wenn die Häuser unterschiedlich groß und breit sind.

Wenn die Häuser fertig gezeichnet sind, diese mit einer Schere ausschneiden.

An den Seitenkanten jeweils mit einem Locher ein kleines Loch hineinstanzen und immer zwei Häuser mit einem kleinen Stück Bäckergarn miteinander verbinden.

So viele Häuser aneinanderfügen, bis die Girlande die gewünschte Länge erreicht hat. An den beiden äußeren Häusern jeweils ein längeres Stück Garn befestigen, damit die Girlande aufgehängt werden kann.

ADVENT

Weihnachten darf in einem Buch über Feste natürlich nicht fehlen, denn es gehört zu unseren liebsten Anlässen und muss gebührend zelebriert werden. DIYs, Kekse und Kuchen lieben wir in dieser Jahreszeit ganz besonders.

SILVESTER MIT FREUNDEN

PARMESAN-SCHWEINCHEN

Silvester war ehrlich gesagt noch nie so wirklich mein Fest. Ich kann gar nicht genau sagen, warum, aber es ist, genauso wie Neujahr, ein eher seltsamer Tag für mich im Jahr ... ich denke viel über Vergangenes nach und frage mich, was wohl im neuen Jahr so passieren wird. Aber ich mag es sehr, mit meiner Familie und engen Freunden den Silvesterabend zu verbringen, gemeinsam zu essen, zu spielen, sich zu freuen und anzustoßen! Das perfekte „Mitgebsel" für Besucher sind für mich an Silvester Glücksgläser, die sich auch super mit den Parmesan-Schweinchen auffüllen lassen. Die Schweinchen dürfen an unserem Silvester auf keinen Fall fehlen. Sind sie einmal fertig gebacken, müssen sie am besten sehr gut versteckt werden, da sie ansonsten so schnell weggefuttert sind wie Chips. Alleine der Parmesanteig schmeckt so lecker, dass man ihn vor gierigen Fingern schützen muss. Die Schweinchen habe ich schon vor Jahren das erste Mal gebacken. Damals noch in Form von Sternen und Tannenbäumen für unser Fondue am Heiligabend, dazu schmecken sie nämlich auch wunderbar. Je nach Ausstechform kann man die kleinen Kekse also unterschiedlichen Anlässen anpassen.

ZUTATEN

(Für ca. 40 Stück)

230 g Mehl plus etwas mehr zum Arbeiten
180 g kalte Butter
2 TL gehackter Thymian
1 TL gehackter Rosmarin
75 g frisch geriebener Parmesan
1 Eigelb
1 TL grobes Meersalz

Außerdem

Schwein-Ausstecher

ZUBEREITUNG

Das Mehl mit der kalten Butter, den Kräutern und dem Käse zu einem glatten Teig kneten. Gegebenenfalls 1 bis 2 EL kaltes Wasser hinzufügen. Den Teig zu einer Kugel formen und in Frischhaltefolie gewickelt für etwa 30 Minuten in den Kühlschrank legen.

Den Backofen auf 200 °C Ober-/Unterhitze vorheizen.

Den Teig auf einer leicht bemehlten Arbeitsplatte mit einem Nudelholz ausrollen. Daraus Schweinchen ausstechen.

Die Teiglinge mit etwas Abstand auf ein mit Backpapier ausgelegtes Blech legen. Das Eigelb mit ½ EL Wasser verrühren und die Kekse damit bepinseln. Anschließend mit etwas Meersalz bestreuen. Die Kekse im Ofen etwa 10 Minuten backen, bis sie eine goldbraune Farbe angenommen haben.

Anschließend abkühlen lassen.

COUNTDOWN-GUGL

Die Zeit bis Mitternacht kann an Silvester manchmal ganz schön lang werden. Vor allem, wenn man mit Kindern feiert, denen die Zeit noch länger vorkommt. Bei uns gibt es deshalb zwischendurch immer mal wieder kleinere Leckereien, Spiele und Überraschungen, die einem die Wartezeit etwas versüßen. Kleine Gugl sind mit einem Haps im Mund, lassen sich prima vorbereiten und passen zum Silvester-Dekorieren. Die Uhren der Caketopper kann man sich einfach ausdrucken, ausschneiden, auf dickere Pappe kleben und mit einem Holzspieß auf der Rückseite fixieren. Die perfekte Deko für den Silvesterabend. Und das Beste, man kann die Uhren im nächsten Jahr gleich wieder benutzen. Wenn man die Topper bereits im Vorfeld mit den Kindern bastelt, macht es doppelt so viel Spaß. Verpackt in einer Keksdose halten sich die Gugl einige Tage frisch. Man kann also durchaus überlegen, gleich die doppelte Menge zu backen. Wenn man keine Minigugl-Form besitzt, lässt sich der Teig auch in Muffinförmchen füllen.

ZUTATEN
(Für ca. 12 Stück)

Für den Teig

140 g weiche Butter plus etwas mehr für die Form
120 g Zucker
2 Eier (Größe M)
220 g Mehl plus etwas mehr für die Form
2 TL Backpulver
4 EL frisch gepresster Orangensaft
1 TL Kardamompulver
etwas Vanille

Für die Dekoration

Zartbitterkuvertüre
Streusel
Goldpuder

Außerdem

Backform für 6 Minigugl (oder Muffinförmchen)
optional: 200 g süße Sahne, geschlagen, und Kardamompulver zum Servieren

ZUBEREITUNG

Den Backofen auf 180 °C Umluft vorheizen. Die Backform buttern und mehlen.

Für den Teig die Butter und den Zucker in einer Rührschüssel verrühren. Die Eier nacheinander dazugeben und kurz unterrühren. Das Mehl mit dem Backpulver mischen und in die Rührschüssel sieben. Den Orangensaft, Kardamom und Vanille hinzufügen und alles zu einem glatten Teig verrühren.

Den Teig mithilfe eines Esslöffels in die Gugl-Form füllen. Die kleinen Kuchen im Ofen etwa 10 bis 15 Minuten backen. Anschließend kurz in ihrer Form abkühlen lassen, dann lösen sie sich leichter aus der Kuchenform. Die Gugl aus der Form nehmen und vollständig abkühlen lassen. Die Backform ausspülen, trocknen, buttern, mehlen und erneut mit Teig auffüllen. Den Backvorgang wiederholen.

In der Zwischenzeit für die Dekoration die Kuvertüre grob hacken und im Wasserbad bei niedriger Temperatur schmelzen. Jeweils mit einem Esslöffel etwas flüssige Kuvertüre über die abgekühlten Gugl geben und mit Streuseln dekorieren. Wenn die Kuvertüre getrocknet ist, mit einem kleinen Pinsel noch etwas Goldpuder auf die Glasur streichen.

Dazu schmeckt ein Klecks Sahne mit etwas Kardamom gewürzt.

GLÜCKSGLÄSER FÜR MARMELADENGLASMOMENTE

Diese Glücksgläser sind die perfekte Bastelei zum Jahresabschluss: So kann man Marmeladenglasmomente, und sind sie auch noch so klein, für immer festhalten. Man macht am besten gleich mehrere, damit man welche verschenken und natürlich auch selbst behalten kann. Im letzten Jahr haben wir mit unseren Nachbarn an Silvester ein Lagerfeuer auf der Terrasse gemacht und ein wenig Fingerfood ins Feuer gehalten. Die Kinder hatten dabei großen Spaß. Als kleines Mitbringsel gab es ein solches Glücksglas für die allerschönsten Momente im neuen Jahr. Und während ich hier sitze und das schreibe, ist unser Glas schon recht gut gefüllt mit kleinen Zettelchen, auf denen wunderbare Momente aus diesem Jahr stehen, an die wir uns gerne erinnern möchten. Es passiert sonst leider viel zu oft so, dass man sehr viele schöne Momente erlebt, die man häufig im Gewusel des Alltags wieder vergisst.

BENÖTIGTES MATERIAL

Ferkelfiguren (z. B. von Schleich)
Heißklebepistole mit Klebesticks
saubere Schraubgläser mit Deckel (z. B. von Rayher)
Karton
Acrylspray in Beige oder Farbe und Pinsel
Flitterkleber (z. B. von Rayher)
Streuflitter in Gold oder Kupfer (z. B. von Rayher)

Optional
Wunderkerzen
Konfetti
Juteband (z. B. von Rayher)
Glücksanhänger, z. B. aus lufttrocknendem Ton in Form von Schweinen, Pilzen, Kleeblättern o. Ä.
Papieranhänger mit Silvester-Aufschriften, z. B. Jahreszahlen, Glück o. Ä.

SO WIRD'S GEMACHT

Zunächst werden die Glücksschweine mithilfe einer Heißklebepistole auf den Deckeln der Gläser befestigt. Anschließend werden diese in einen Karton gelegt und mit Acrylfarbe einheitlich besprüht. Es ist auch möglich, einfach nur die Deckel einzufärben und die Schweine im Anschluss aufzukleben. Wenn man keinen Sprühlack zur Hand hat, kann man die Deckel auch einfach mit Farbe und Pinsel anmalen. Anschließend gut trocknen lassen.

Wenn die Farbe gut durchgetrocknet ist, die Oberseite der Ferkelfiguren mit etwas Flitterkleber einstreichen und mit Flitter bestreuen. Leicht festdrücken und trocknen lassen.

Die Gläser zum Verschenken optional mit ein paar Wunderkerzen sowie etwas Konfetti befüllen und verschließen. Optional mit einem Juteband und den Anhängern umwickeln.

TIPP

Die Gläser lassen sich auch zusätzlich noch mit kleinen Lichterketten befüllen und als Tischdeko verwenden. So kann man den Gästen nach einer schönen Feier noch ein Glücksglas mit ins neue Jahr geben.

2023
Y Chair by Hans J. Wegner 1944
2023
2023

Silvester feiern wir gerne in kleinem Rahmen. Vor allem für die Kinder ist es aufregend. Ein paar Glücksbringer und Leckereien dürfen an diesem Abend nicht fehlen.

VORLAGEN

Y Chair by Hans J. Wegner 1944

IMPRESSUM

Autorin: Anna Parwoll
Fotos & Styling: Anna Parwoll
Produktmanagement: Svenja Wiglinghaus
Lektorat: Constanze Lüdicke
Korrektorat: Mareike Weber
Umschlaggestaltung: Regina Degenkolbe
Layout & Satz: Elke Mader
Repro: LUDWIG:media
Herstellung: Julia Hegele
Printed in Poland by CGS Printing

★★★★★

Sind Sie mit diesem Titel zufrieden? Dann würden wir uns über Ihre Weiterempfehlung freuen. Erzählen Sie es im Freundeskreis, berichten Sie Ihrem Buchhändler oder bewerten Sie bei Onlinekauf. Und wenn Sie Kritik, Korrekturen oder Aktualisierungen haben, freuen wir uns über Ihre Nachricht an:
Christian Verlag, Postfach 40 02 09, D-80702 München
oder per E-Mail an lektorat@verlagshaus.de.

Unser komplettes Programm finden Sie unter

www.christophorus-verlag.de

Herstellerverzeichnis

- Leaves and Butterflies: *leavesandbutterflies.de*
- Casa Eurabia: *casa-eurabia.de*
- Hallo Anna: *hallo-anna.de*
- Geliebtes Zuhause: *geliebtes-zuhause.de*
- Tausendschön-Store: *tausendschoen-store.de*
- Sweet Pottery: *sweetpottery.de*
- Rayher: *rayher.com*
- Super Streusel: *superstreusel.de*
- Aus Liebe zum Duft: *ausliebezumduft.de*

Die Deutsche Nationalbibliothek verzeichnet diese Publikation in der Deutschen Nationalbibliografie; detaillierte bibliografische Daten sind im Internet über https://www.dnb.de/ abrufbar.

Infanteriestraße 11a
80797 München

ISBN 978-3-8388-3879-3

Kreativ-Service

Sie haben Fragen zu unseren Büchern und Materialien? Wir beraten Sie gern rund um alle Kreativthemen. Rufen Sie uns einfach an. Wir interessieren uns auch für Ihre eigenen Ideen und Anregungen. Sie erreichen uns per E-Mail: **kreativ-service@c-verlag.de** oder unter der Tel.: **+49 (0)89-1306 99 577**.

Besuchen Sie uns im Internet: www.christophorus-verlag.de & www.selbstgemacht.de